別冊 noboro
山歩きガイド

祖母・傾・大崩

個性派3座の名ルート案内

登山の魅力が詰まった深山を歩く

JN151511

西日本新聞社

監修：公益社団法人日本山岳会東九州支部

本書の見方

■難易度
各ルートの難易度

■山行タイム
一般的な歩行時間（分）。
休憩時間は含んでいない

■登山口の情報
最寄りの高速道路IC
などからのアクセス

山名や地名は、国土地理院発行の地形図の表記に、標高は、国土地理院の「電子ポータルサイト」の地形図に、原則として従っています。
●本誌掲載の地図は主に国土地理院発行の電子地形図25000分の1を引用したものです。
※掲載した情報は、2025年２月末現在のものです。

■地図内表記

駐車スペース

トイレ

水場

Route 8 START GOAL スタート・ゴール地点

メインルート

サブルート

←35 進行方向と区間の歩行時間（分）の目安

地図凡例

カバーの裏側は祖母・傾・大崩の広域地図。
外して楽しむのもよし、
裏返してカバーを変えるのもよし

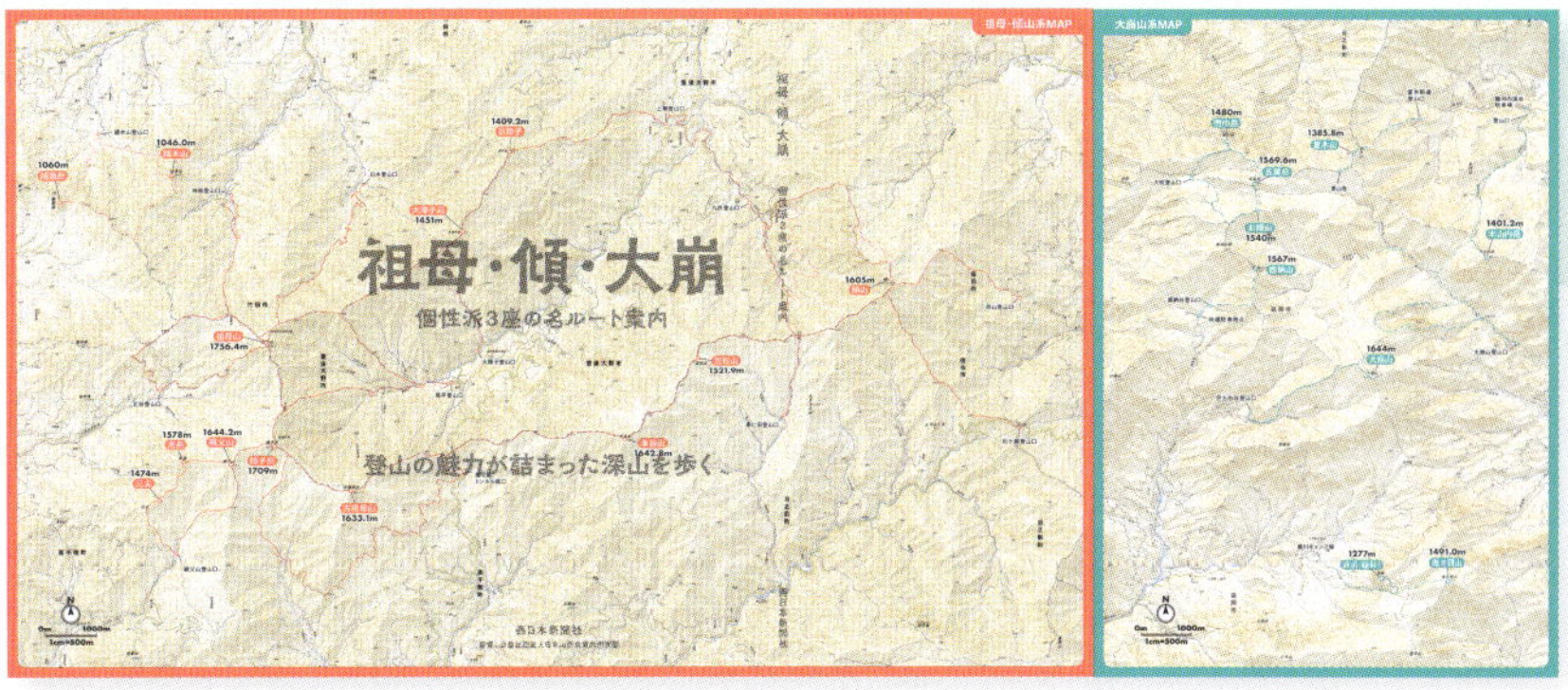

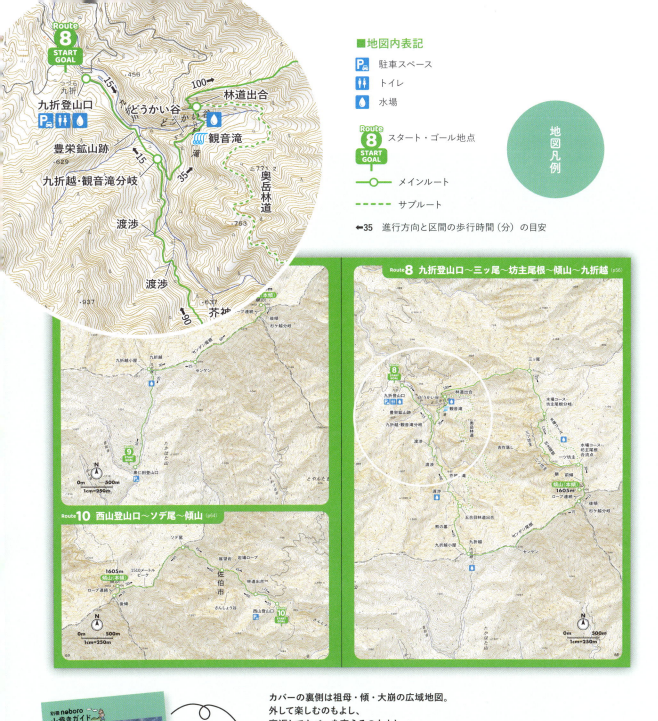

目次

登山ルートを難易度別に、初級、中級、上級としました。
登山計画を立てる際の目安にしてください。

【初級】登山道はおおむね整備済み。転んだ場合でも転落、滑落の可能性は低い。道迷いの心配は少ない。

【中級】沢、崖、場所により雪渓や渡渉箇所がある。急な登下降がある。道が分かりにくい所がある。転んだ場合、転落や滑落につながる場所がある。

【上級】はしご・鎖場や、場所により雪渓や渡渉箇所がある。ミスをすると転落、滑落事故になる場所がある。案内標識が不十分な箇所も含まれる。

登山ルートは専門家監修のもと紹介していますが、その後、大雨や地震などの自然災害のため通行できなくなっている場合があります。山に登る際は、地元自治体や信頼できるインターネットサイトなどで情報収集をしましょう。

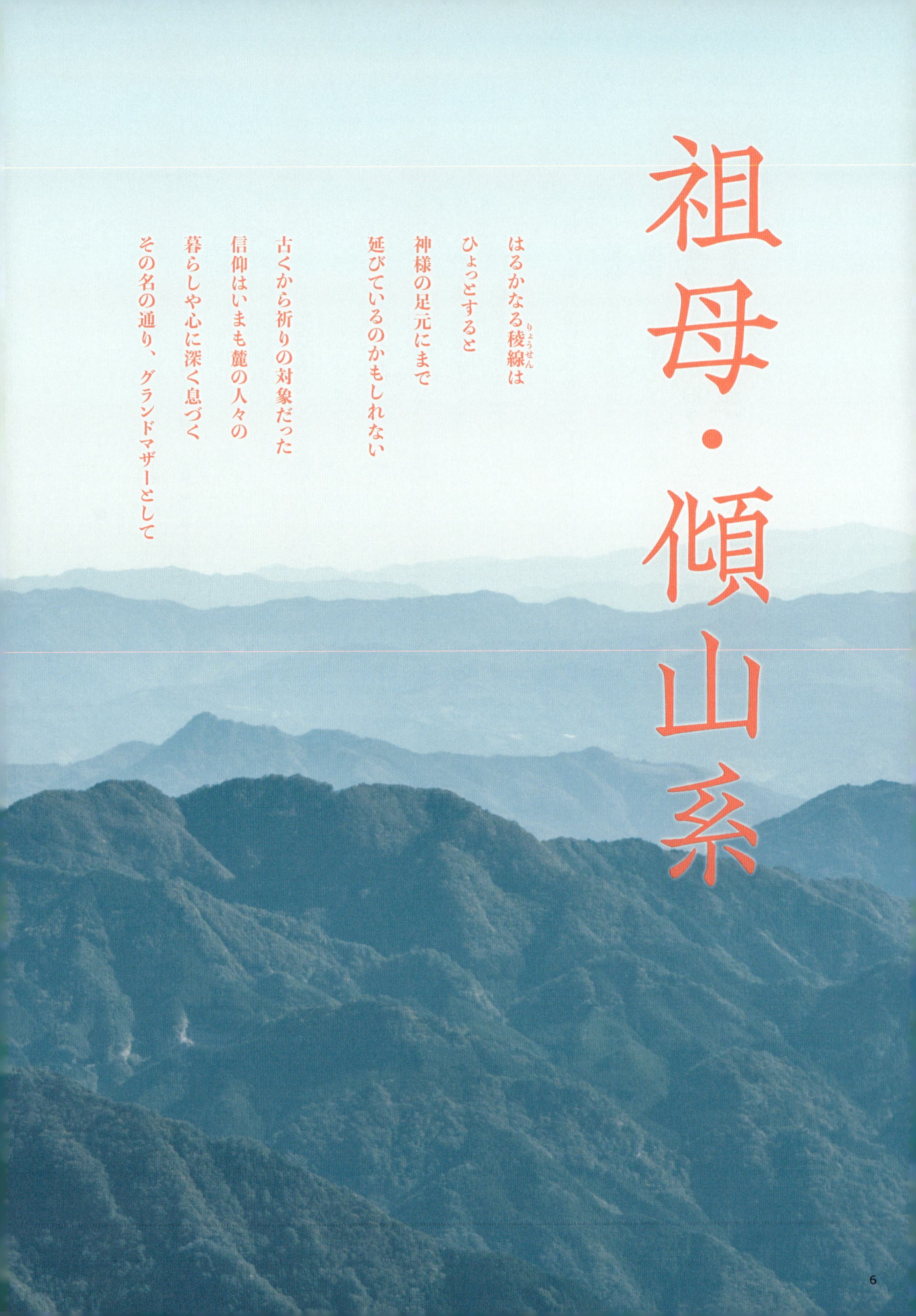

祖母・傾山系

はるかなる稜線《りょうせん》は
ひょっとすると
神様の足元にまで
延びているのかもしれない

古くから祈りの対象だった
信仰はいまも麓の人々の
暮らしや心に深く息づく
その名の通り、グランドマザーとして

山岳信仰はやがて
独自の文化芸能の礎となり
豊かな自然は
固有種を育んだ

名峰ってなんだろう
この山は派手さはないが、滋味深い
カメラは持たず、深呼吸をして
体の奥に記憶させたい何かがある
そんな場所こそ
わたしにとっては名峰だ

祖母・傾山系の主な山と登山口

倉木山
緩木山登山口
緩木山
神原登山口
白水登山口
前障子
越敷岳
大障子岩
祖母山
大障子登山口
尾平登山口
北谷登山口
障子岳
親父山
黒岳
尾平越
トンネル南口
古祖母山
親父山登山口
8
7
登山口
主な登山ルート
道路

大崩山系

麓から見上げると
空を突き刺すような岩峰は
立ち入ろうとする者を威嚇する〝矛〟だった
頂から見下ろすと
攻撃的だったはずのそれは
日頃の煩わしさから守る〝盾〟になっていた

花こう岩の峰々が織りなす
あまりにも特徴的な山容は
「山肌が大きく崩えて見える」ことから
山名の由来になったとも伝わる

決して、簡単な山ではない
でも、決して誰をも拒んでいない

険しさと美しさ、厳しさと優しさ
それらは矛盾せず共存する
九州随一の秘境はそう語っている

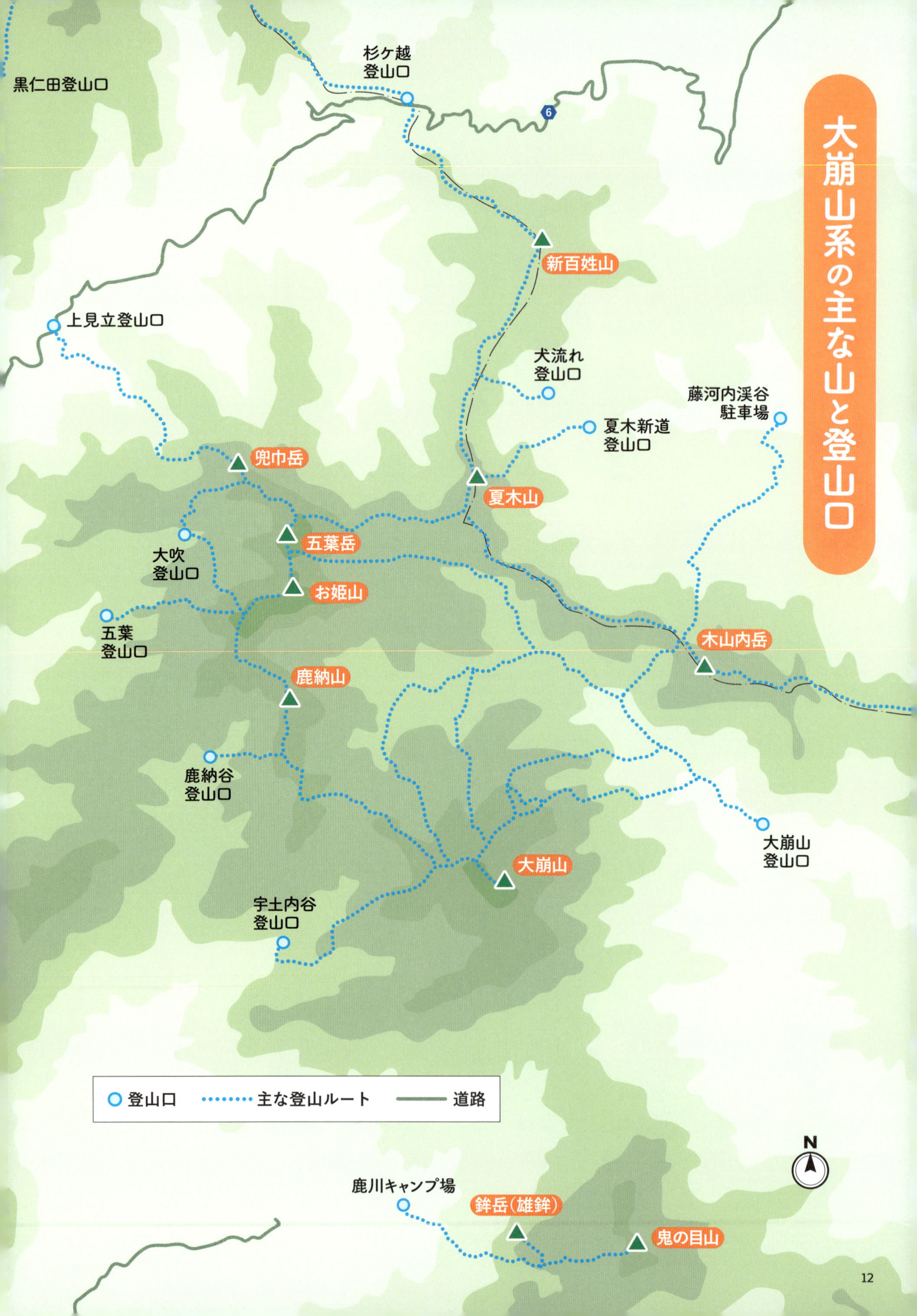

大崩山系の主な山と登山口
杉ケ越
登山口
6
黒仁田登山口
新百姓山
上見立登山口
犬流れ
登山口
藤河内渓谷
駐車場
夏木新道
登山口
兜巾岳
夏木山
五葉岳
大吹
登山口
お姫山
五葉
登山口
木山内岳
鹿納山
鹿納谷
登山口
大崩山
登山口
大崩山
宇土内谷
登山口
登山口
主な登山ルート
道路
N
鹿川キャンプ場
鉾岳（雄鉾）
鬼の目山

祖母・傾・大崩 ユネスコエコパーク

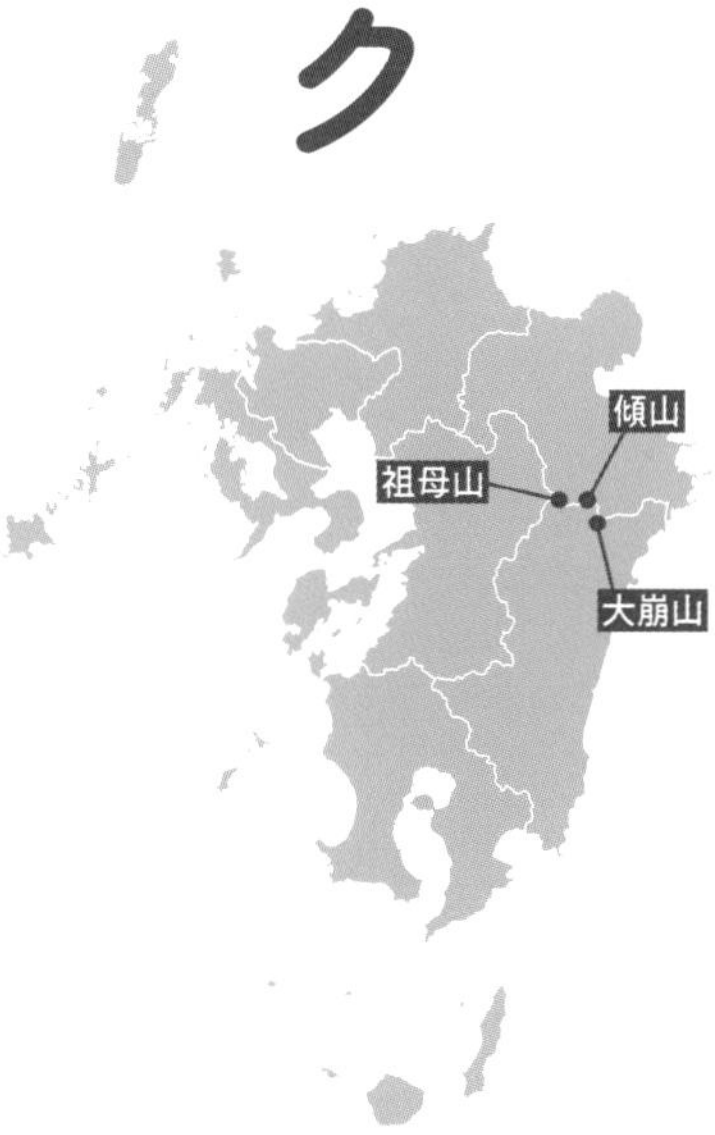

大分、宮崎両県にまたがる祖母・傾・大崩山系は、特有の地形地質によって唯一無二の景観美を織りなしている。

見た目だけではない。奥深い自然は多様で貴重な生態系を発達させ、固有種を育んだ。一方、人々はこの豊かな自然を敬い、守り、恵みを活用して暮らしてきた。山岳信仰が普段の生活に根付き、夜神楽や農村歌舞伎が文化として受け継がれてきた。シイタケ栽培発祥の地とも言われ、産業を築いた。

山を核として、人々の暮らしが波紋のように広がる。この特有の成り立ちと営みにより、一帯は２０１７年６月、ユネスコエコパークに認定された。おらが山は今、世界のＳｏｂｏ・Ｋａｔａｍｕｋｉ・Ｏｋｕｅとして注目されている。

「ユネスコエコパーク」とは？

ユネスコエコパークは、生態系の保全と持続可能な利活用の調和を目的として、１９７６年にユネスコが開始した事業です。

「世界遺産」が手つかずの自然を守ることを原則とする一方、ユネスコエコパークは自然と人間社会の共生が目的となっています。

その登録総数は１３６カ国の７５９地域（国内登録地は10地域）にわたります。（２０２４年７月現在）

人　共生＝　自然

活動理念

尖峰と渓谷が育む森と水、いのちの営みを次世代へ
～自然への畏敬をこめて～

自然的特徴

急峻な山と深い渓谷

急峻な山岳地形と雄大な稜線美で知られる祖母・傾・大崩山系は、起伏に富んだ岩峰群や切り立った崖、谷あいを走る幾筋もの渓谷など、複雑な地形地質をもち、四季折々で表情を変えるその独特な景観が、訪れる人々を魅了します。

豊後大野市提供

天狗岩から見た祖母山
（竹田市、豊後大野市、高千穂町）
鋭く尖った稜線や岩壁など荒々しい姿を持つ祖母山は、地域の人々の畏敬の念も集めてきました。

おおいた豊後大野ジオパーク推進協議会提供

川上渓谷（豊後大野市）
夏には深い緑に包まれる川上渓谷は、森林浴の森百選にも選ばれています。

日之影町提供

見立渓谷（日之影町）
奇岩と清流で知られる見立渓谷は、秋には紅葉で鮮やかに染まります。

幅広い植生と希少性

標高が高く原生的な天然林が多く残された祖母・傾・大崩山系では、山の高さに応じ、暖温帯から冷温帯までの幅広い植生を見ることができます。

また、特別天然記念物のニホンカモシカや、日本列島の成り立ちを表すとされる「ソハヤキ要素」の植物など、限られた地域にしか生育・生息しない希少な動植物が数多く存在する貴重な地域です。これら希少な動植物は絶滅の危険性にさらされており、分布地域の環境を大切に守っていくことが必要です。

豊かな自然の保全と活用

自然への畏敬の念とともに、住民による自然保護活動や自然資源の持続的な利活用（農林業や観光業）が図られています。

日之影町提供

祖母山《そぼさん》（1756・4m）

九州が誇る高峰・祖母山は、遠目には広くたおやかな裾野を持つ山容に特徴がある。ところが、ひとたびその懐に踏み入ると、幾筋もの深い谷を刻む険しい岩尾根とブナをはじめとする圧倒的な自然林が渾然一体となって、訪れた者をときには優しく、ときには厳しく包んでくれる。祖母山には、神話の世界にも通じるような独特な自然美が息づいている。

急峻な岩峰の祖母山だが、山頂直下まで豊かな緑に覆われる

傾《かたむき》山《やま》（1605m）

後傾、本傾、前傾と呼ばれる三つの岩峰が頂上を成す文字通りの岩の山。それに加えて、三ツ坊主と呼ばれる岩峰群や急峻な崖と谷が目を見張るほどの独特の景観を呈し、遠く近くを問わずその山容には圧倒的な存在感がある。また、西にそびえる祖母山との間に変化に富んだ縦走路が開け、九州を代表するロングトレイルとして昔も今も高い人気を誇っている。

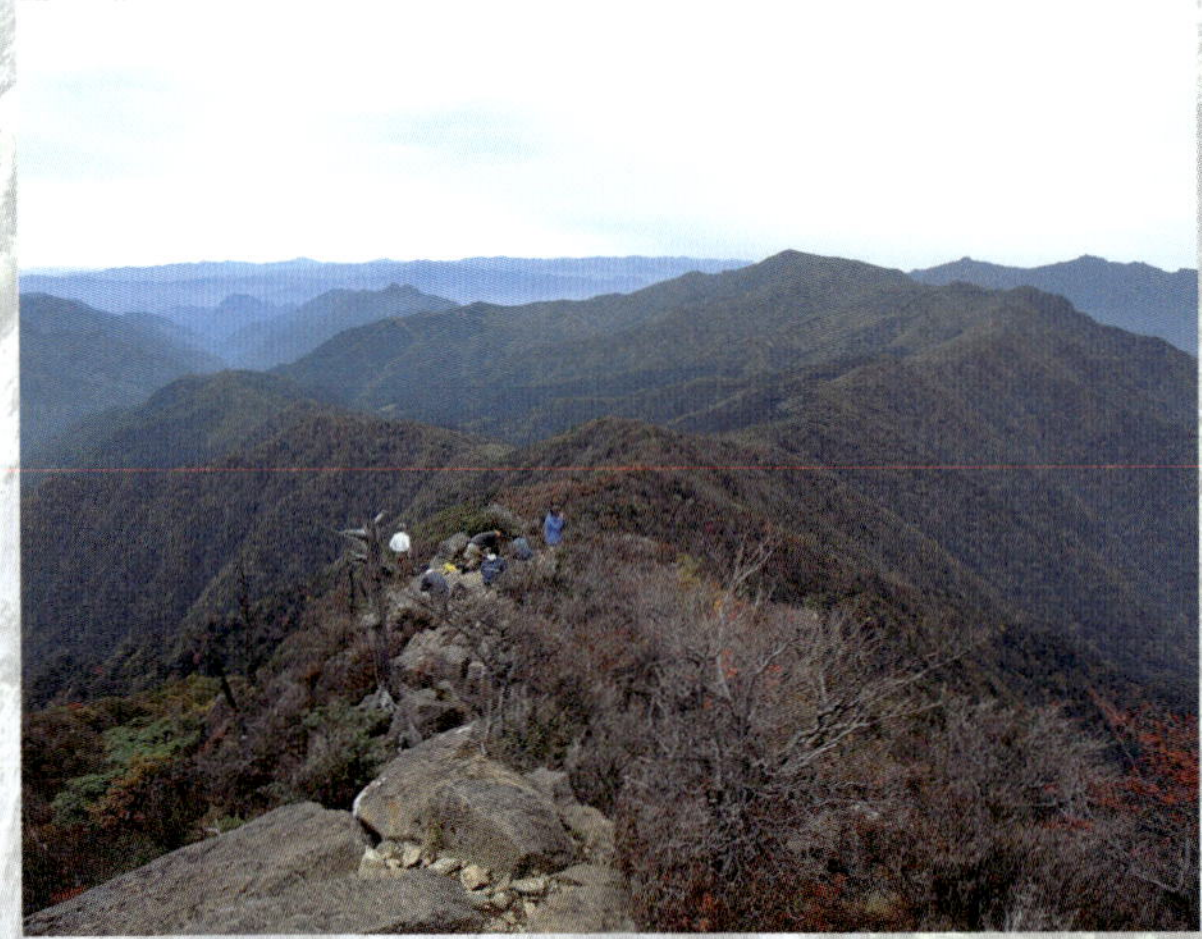

360度の大展望が広がる傾山の山頂で憩う登山者

大崩《おおくえ》山《やま》（1644m）

岳人たちの登頂意欲をそそってやまぬ花崗岩の大岩峰群。天を突くその姿は、白き岩塔と呼ぶにふさわしい異彩を放ち、近寄りがたい雰囲気を醸しだしている。そこはまさに神がおわす場所。そして、岩峰群と対を成すのが清流が刻む三里河原をはじめとする渓谷美、息を飲むほどの原生の樹林である。大崩山には、どこにも引けをとらない素晴らしいネイチャーワールドが展開している。

大崩山を代表する大岩峰の一つ、ワク塚

祖母・傾・大崩ユネスコエコパーク　山のグレーディング

無雪期・天気良好時の「登山ルート別 難易度評価」

難易度（右になるほど難易度が増す）→

必要体力度（数字が大きくなるほど体力が必要）↑

体力度	目安	A	B	C	D	E
10	2～3泊以上が適当				縦 祖母傾縦走路（建男社・九折）〈大障子・傾山坊主尾根〉	
9						
8					縦 祖母傾縦走路（尾平・九折）〈宮原・傾山坊主尾根〉	
7	1～2泊以上が適当					
6						
5	1泊以上が適当		桑原山（奥ヶ迫林道入口）	大崩山（大崩山（上祝子）登山口）〈三里河原〉	傾山（九折登山口）〈三ツ尾・坊主尾根〉	
4			祖母山（尾平登山口）〈宮原〉	大障子岩（健男社）	周 傾山（九折登山口）〈坊主尾根→上畑〉	
				傾山（九折登山口）〈三ツ尾・水場〉	周 大崩山（大崩（上祝子）登山口）〈ワク塚→坊主尾根〉	
				祖母山（尾平登山口）〈黒金山尾根〉	大崩山（大崩（上祝子）登山口）〈坊主尾根〉	
				祖母山（神原登山口）〈小松尾根〉	傾山（杉ヶ越登山口）	
				大崩山（大崩山（上祝子）登山口）〈ワク塚〉		
				傾山（大白谷登山口）〈官行・水場〉		
				鹿納山（宇土内谷登山口）		
				周 祖母山（尾平登山口）〈黒金山尾根→宮原〉		
				傾山（九折登山口）〈上畑〉		
3	日帰りが可能		桑原山（七年山登山口）	障子岳（尾平登山口）〈黒金山尾根〉	夏木山（犬流れ登山口）	
			祖母山（神原登山口）〈本登山道〉	前障子（健男社）	兜巾岳（上見立登山口）	
			周 鬼の目山・国見山（鹿川登山口）	祖母山（白水（メンノツラ谷）登山口）〈メンノツラ谷〉		
			傾山（冷水登山口）	木山内岳（観音滝遊歩道入口）		
			桑原山（黒内登山口）	大障子岩（八丁越登山口）		
			傾山（西山登山口）	障子岳（土呂久登山口）		
			周 緩木山・越敷岳（緩木山登山口）			
			祖母山（北谷登山口）〈千間平〉			
			鹿納山（五葉登山口）			
2		坊ガツル（長者原登山口）〈雨ガ池〉	本谷山（尾平越トンネル登山口）	縦 五葉岳・大崩山縦走路	縦 夏木山（犬流れ登山口・夏木新道登山口）	
		宝満山（正面登山道）	五葉岳（五葉登山口）	祖母山（北谷登山口）〈風穴〉		
		笠松山（黒仁田登山口）	古祖母山（尾平越トンネル登山口）	縦 比叡山（比叡山登山口）〈千畳敷〉		
		高尾山（表参道）	久住山（牧ノ戸登山口）	鉾岳（鹿川登山口）		
		高尾山（琵琶滝）	傾山（黒仁田登山口）	黒岳（北谷登山口）〈アワセ谷〉		
			行縢山（行縢山登山口）〈雄岳〉	周 行縢山（行縢山登山口）〈雌岳〉		
			周 親父山・黒岳・三尖（四季見原登山口）	鹿納山（鹿納登山口）		
			縦 烏嶽・倉木山（烏嶽東登山口）			
			大崩山（宇土内谷登山口）			
			お姫山（五葉登山口）			
			周 お姫山・五葉岳（五葉登山口）〈五葉登山口→大吹登山口〉			
			新百姓山（杉ヶ越登山口）			
			夏木山（夏木新道入口）			
			親父山（四季見原登山口）			
			五葉岳（大吹登山口）			
1		親父山・障子岳縦走路〈登山口への行程含まず〉	兜巾岳（兜巾岳登山口）	矢筈岳（矢筈岳登山口）		
				周 丹助岳（丹助岳山小屋）		

［凡例］
（　）＝登山口
〈　〉＝山名と登山口だけでは経路が特定できない場合の経由地
縦 ＝入山口と下山口が異なる縦走ルート
→ ＝縦走の順
周 ＝入山口と下山口は同じだが途中の経路が異なる周回ルート

出典：祖母・傾・大崩ユネスコエコパーク推進協議会

西から見た紅葉越しの天狗岩（中央）。どの方向から見ても絵になる頂。てっぺんに立てば祖母・傾山系の全域を見渡すことができる

本書の案内人

なっちゃん

登山を始めたばかりの1年生。何事にも興味津々で、いつもガイドを質問ぜめ。

祖母山周辺のルート

九州の人であれば、祖母山と聞いて真っ先にイメージするのは
信仰の山かもしれない。
確かにかつては山伏が吹くホラ貝の音が響いていたとか。
でも実は、ほかにもいろいろな表情がある。
「百名山」「ツキノワグマ」「紅葉」とキーワードは尽きない。
そんな重層的な魅力の一端に触れてみませんか？

Route 1

中級 神原登山口～祖母山

「百名山」の王道をゆく

植林帯を抜けて間もなくすると
絶品の景色が広がった

大分県竹田市側から祖母山に登るには「神原《こうばる》登山口」から入ることになるだろう。「日本百名山」を著した深田《ふかだ》久弥《きゅうや》（1903～71年）が62年に登ったとされるコースをたどる。このルートは山頂の健男霜凝日子《たけおしもこりひこ》神社の上宮へ続く参道でもある。登山口の名前といい、山頂の神社といい、やはりここは神の宿りし山だ。ではでは修験者になった気分で参りましょう！

山頂から傾山を眺める。誰もがこの頂で峰と峰をつなぎ、次の計画に胸躍らせる。どれだけ見ていても飽きることのない稜線

修験者の気分で参道登山

登山口近くの駐車場に車を止め、林道を少し南に歩いたところに、初心者向けの「五合目渓谷トレッキングコース」と、今回のコースの分かれ道がある。トレッキングコースは後述することにして、小さな橋を渡ってまずは今回の登山道へ。約20分歩くと、修験者がみそぎをしたといわれる「御社《おやしろ》の滝」が姿を現す。滝行と聞いてイメージする滝よりも穏やかな印象を受けるかもしれない。

水の勢い同様、しばらくは道も緩やか。15分ほどで「五合目小屋」が見えてくる。初めて登る人は「もう半分か」と拍子抜けするかもしれない。しかし、地元ガイドによると、実際は2合目ぐらいだとか。気を抜くのは禁物だ。

さらにここからは急勾配が続く。足場の悪いところもある。ブナやミズナラが生い茂る道を約100分、修験者になった気分でひたすら高度を上げていく。やがて、宮崎県側からの登山道と交わる国観峠《くにみとうげ》に差しかかる。山頂を〝頭〟に見立てるなら、ここは〝肩〟に当たる。峠といっても平たんな草地が広がる稜線《りょうせん》で、視界も開ける。

この先は一段と険しさを増す。頂まで残りの標高差は300メートル足らず。とはいえ、はやる気持ちをぐっと抑えて、近くにある「九合目小屋」で息を整えよう。小屋のそばには水場もあるぞ。

いよいよ山頂に到着。ぐるりと広がる大展望を拝む前に、三角点と並んで鎮座する上宮のほこらに手を合わせ、無事に登り切った報告とお礼を。下山は往路を戻ってもいいが、途中から「五合目渓谷トレッキングコース」へ迂回《うかい》するルートをおすすめしたい。

1・取りついてすぐは植林帯の上り／2・渡渉するたびに足を止められる緑と光。山頂へは行かなくてもいいような気になってくる／3・白い筋を引いて落ちる御社の滝。落差15メートルほどあり魚止まりの滝になっている／4・九合目小屋

初心者はトレッキングコースへ

というわけで、トレッキングコースについてもう少し触れておこう。コースは登山口の手前から「五合目小屋」付近まで延びている。整備されているので、初心者や気軽に山歩きを楽しみたい人は、必ずしも山頂を目指さずとも、2合目辺りにあるこの小屋を目的地にしてもいいかも。御社の滝を間近に感じながら、また山道脇のヒトリシズカやヤマシャクヤクを愛でながら、自分のペースでのんびり楽しもう。登山スキルに合わせていろいろな楽しみ方ができるのもこの山の魅力の一つだ。

Route 1-2 祖母山への縦走も 緩木山～越敷岳

祖母山の北西に二つの頂がある。緩木《ゆるぎ》山《さん》と越敷岳《こしきだけ》。両座を結ぶ稜線をたどれば周回できる。縦走路の途中には祖母山へと続く分岐もあり、健脚派には魅力的なコースだ。

車で緩木神社を通り過ぎ、広域林道との交差点に5台ほど止められる駐車場があり、林道の行き当たった場所が緩木山登山口。右へ進めば越敷岳、左は緩木山へ続く。今回は左手へ。数多く設置されている道標を頼りに80分ほど歩いたら、ブナやミズナラが立ち並ぶ緩木山の山頂だ。展望はわずかなので、長居せずに越敷岳へ向かう。

かつて高城と呼ばれる城のあったなだらかなピークを過ぎ、約45分歩くと、祖母山へと続く分岐に差しかかる。祖母山へはここから南へ進むこと3時間半の道のり。大分と熊本の県境と重なる尾根道を伝っていく。

今回は分岐を北西に進み、越敷岳へ。春であれば山道をアケボノツツジが彩る。ピンクの花の応援を受け、急登を登り切った先に頂が待っている。近くには、わずかな水量ではあるが御神水もある。北へと下っていけば周回完了。5時間25分ほどの山行で2座踏破できる。

神原登山口

大分県竹田市街地の玉来（たまらい）交差点から南へ約15キロ、車で25分弱。神原登山口の近くには二つの駐車場がある。第一駐車場は約15台分の駐車スペースがあり、水洗のトイレも設置されている。第二は8台ほど駐車できる。駐車場から5分ほど林道を歩いた左手に取り付き点がある。

山行タイム 神原登山口～3～渓谷トレッキングコース分岐～35～五合目小屋～100～国観峠～40～九合目小屋分岐～10～九合目小屋～10～祖母山～10～九合目小屋分岐～35～国観峠～90～五合目小屋～30～渓谷トレッキングコース分岐～2～神原登山口（合計6時間5分）

Map P.28

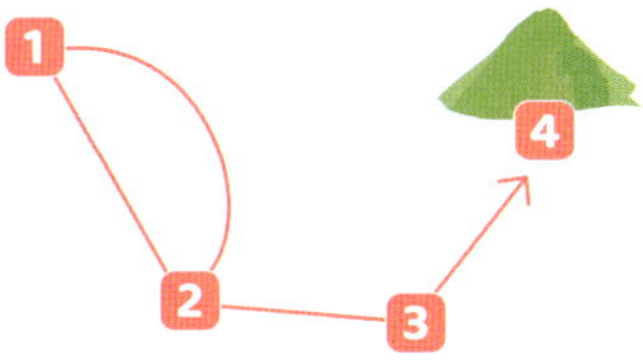

神原登山口

トレッキングコースとの分岐

1 駐車場からすぐのところに五合目渓谷トレッキングコースと本登山道の分岐がある

五合目小屋

2 五合目小屋はトイレ（冬季は閉鎖）完備。宿泊は無料だが、使用後は必ず清掃しよう

国観峠

3 広場からは祖母山の山頂が望める

祖母山

4 山名の由来となった神武天皇の祖母、豊玉姫のご神体を祭ったほこらがある

Route 2

中級

北谷登山口～風穴～祖母山～千間平

冒険心くすぐる周回コース

北谷に広がる豊かな自然林。登山口近くの植林帯の先は、秋になると紅葉に彩られる

祖母山は難易度の異なる登山道が四方に延びる。このうち冒険心をかき立てるのが、この周回コース。往路は険しい岩場の先に、風穴（洞窟）が大きな口を開けて待っている。一転して復路は、なだらかな九州自然歩道が続く。おばあちゃんの山名が示す通り、厳しさと優しさの両面を体感してはどうだろう。

広い山頂は傾・大崩山系の絶好の展望台。
右から黒岳、親父山、障子岳、そして左端が古祖母山

はしごとロープの岩場が続く

宮崎県高千穂町の北谷登山口は、山頂に一番近い登山口。ここから望む山容は、深い森をまとい、谷をしわのように刻んだ祖母そのものだ。

日本アルプスの名付け親で〝日本近代登山の父〟と呼ばれるウォルター・ウエストン氏もこの登山口から入ったと伝わる。

出発からまもなく、風穴ルートと千間平《せんげんだいら》ルートの分岐が現れる。周回する場合、上りは風穴、下りは千間平を使うと歩きやすいという。

約3キロの風穴ルートは岩場が多く、はしご、ロープ場が連続する。勾配がきつく、冬は凍結するのでアイゼンが必要。表情豊かな道程ではあるが、少し難易度が上がるので初心者だけの入山や雨の日は避けたほうがよさそうだ。

山道に入ってすぐ、北谷の沢を渡る。靴が水浸しにならないように気を付けよう。上流の方向へ進むと、渡渉のための丸太が架けられている箇所もある。

さらさらと流れる水の音を聞きながら植林帯を進み、小さな沢に出た。ここは貴重な水場なので多めに補給しよう。

水を一口含んだら、あの場所まで「さぁ、もう一息」。ぬれて滑りやすい岩に注意しながら斜面を登り切る。だんだんと巨樹が増えてきた。

あの場所とは風穴のこと。登山道の右手、はしごを上ったところにそれはある。風穴はいくつかの大きな岩が折り重なるようにしてできていて、奥行き20メートルはありそう。先の見えない暗闇に冒険心がくすぐられる。闇に身を潜めてみる。ひんやりとした空気がすり抜けていく。ここは夏でも岩壁一面、氷が白いカーテンのように下がることもあるのだとか。

風穴の上の急な傾斜を木の根や幹につかまりながら登っていく。チャレンジ続きの道程が、

1・所々ロープの助けを借りて沢の中を登る／2・ぬれた滑りやすい岩に注意しながら進む／3・風穴より上部の岩場。頂上まで岩場、はしご、ロープ場が続く／4・珍しい等間隔の道標

おばあちゃんの波乱の人生を体現しているようだ。

千間平コースには等間隔の道標

前方に頂上が見えてきた。山頂直下は、どのルートを選んでも急な岩登りになる。はしごを使って山頂を目指す。傾・大崩山系の絶景が迎えてくれた。山頂は広く開けている。青空の下、呼吸が整い、次第に深くなっていく。ずっとこうしていられたらいいのに。

下りは、九合目小屋を経由して国観《くにみ》峠《とうげ》へ。峠道の途中で山を振り返る。優しいまなざしに見守られているようで心強い。

宮崎、大分、熊本県境が重なる三県境を過ぎ、九州自然歩道に指定されている千間平コースを進む。0・53キロおきに道標が設置されていて、現在地を正確に把握できる。

なだらかな尾根歩きを楽しんでいるうちにスタート地点の北谷登山口に戻ってきた。最後にもう一度、祖母山を眺める。心地よい疲れもあったのか、気持ちが解放され、ぐっとこみ上げるものがあった。

Route 2

北谷登山口～風穴～祖母山～千間平

北谷登山口

祖母山の南西側、祖母山林道沿い。九州道熊本ICから国道57、325号、県道8号、町道、祖母山林道経由で72キロ、約1時間55分。風穴コース、千間平コースの起点。13～15台の駐車場、登山届ボックスや各種登山情報が設置されたあずまや、非水洗のトイレがある。

山行タイム 北谷登山口～75～風穴～105～祖母山～10～九合目小屋～45～国観峠～30～三県境～20～千間平～55～北谷登山口（合計5時間40分）

Map P.29

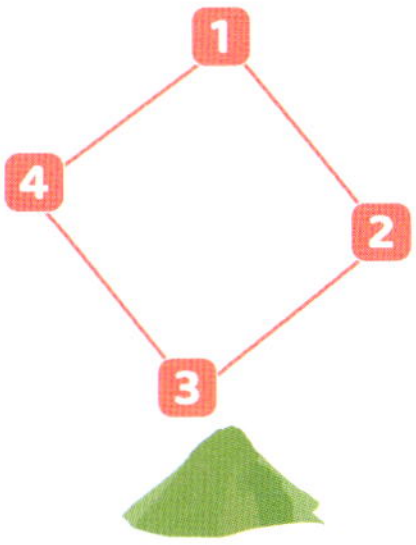

風穴コースと千間平コースの分岐

1 登山口は駐車場の奥。左は千間平コース、直進すれば風穴コース

祖母山

3 祖母山山頂の標識とほこら。背後に障子岳（しょうじだけ）、黒岳ものぞく

風穴コース

2 林道を200メートルほど進み、右に下るように山道に入る。沢筋などで一部ルートが分かりにくいところもあるので、テープ、踏み跡を忠実にたどろう

千間平

4 ゆったりとした登山道で、森の景色をのんびりと味わえる

Route 1
START
GOAL
神原登山口
渓谷トレッキングコース分岐
五合目渓谷トレッキングコース
御社の滝
五合目小屋
祖母山分岐
傾山
国観峠
竹田市
九合目小屋
祖母山九合目小屋
九合目小屋分岐
祖母山
1756.4m
豊後大野市
千間平
本谷
天狗岩
N
0m
500m
1cm=250m

Route 1-2 緩木山登山口（大規模林道駐車地点）～緩木山～越敷岳 (p22)

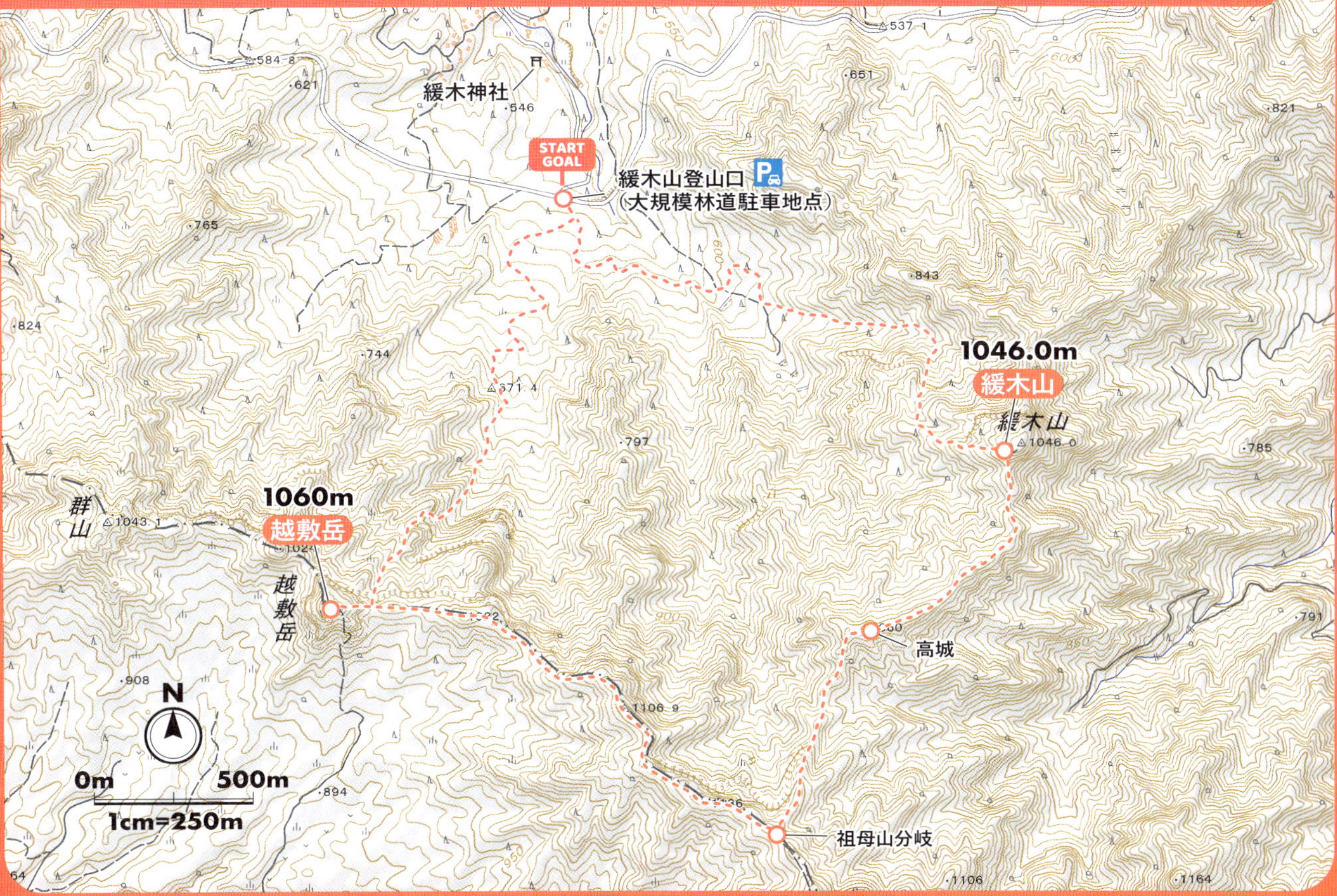

Route 2 北谷登山口～風穴～祖母山～千間平 (p24)

Route 3

上級

尾平登山口～黒金山尾根～祖母山～宮原

魅力凝縮の日帰り周回コース

せせらぎを聞き吊橋へ

尾平登山口の標高が約600メートル、山頂との標高差は1150メートルもある。いやが応でも気合が入る。

登山口を少し進むと、遠くに祖母山と障子岳を結ぶ稜線《りょうせん》が見えてくる。朝焼けに染まり、神々しさが際立つ。天に突き出た形の天狗岩、その左の岩峰・烏帽子岩も目を引く。

右手に奥岳川のせせらぎを聞きながら歩いていく。序盤が沢沿いだと、山域に体がすっとなじむ気がするのはなぜだろう。

最初の黄色い第1吊橋《つりばし》は渡らず、下をくぐる。次の第2吊橋を渡って左岸へ。その次の短い津上橋を通って右岸に戻る。やがて支流の三枚谷を渡り、川上本谷を渡る。

ここから左岸を目指すのだが、川幅があって増水時は危ない。絶対に無理はしないでほしい。いったん第1吊橋に戻っ

尾平登山口から西にそびえるのは、朝焼けに染まるついたてのような稜線

美しい渓谷、長い急登の先にある素晴らしい眺望、スリリングな岩場など、祖母山の魅力をぎゅっと凝縮したのが、黒金山尾根経由の周回ルート。休憩込みで10時間を要するタフな山行となるが、一度経験した人であれば満足度の高さに太鼓判を押すはず。山登りのステップアップを目指すのなら、まずはベテラン登山者に同行してもらうなどしてぜひトライしてほしい。

川上本谷の渡渉は増水時、飛び石伝いで渡れないこともある。登山靴を脱いで裸足で対岸へ行く選択肢も

て、宮原《みやばる》経由にルート変更する手だってあるのだから。

急登の疲れ癒やす〝力水〟

出合をクリアしたら、黒金山尾根の取り付きは近い。地図で見ると、この尾根は等高線の間隔が狭い。急登が続くことを示している。稜線まで休憩を含めて3時間はかかりそう。気が遠くなりそうだが、100メートルおきにある標高表示を目標に一歩ずつ前進するしかない。

ひたすら登って、気持ちが折れそうになるころ、「天狗《てんぐ》の水場」が現れる。渇いた喉も、めいりそうだった心も潤してくれる〝力水〟だ。

さらにひと登りしたところが「天狗の分《わか》れ」。もし余力があれば、天狗岩の展望スポットに立ち寄ってほしい。またここに引き返してくるので、リュックは置いて身軽な状態で行くのがいいだろう。岩場を進むので滑落

1・天狗岩から望む祖母山／2・祖母山の山頂手前、標高1700メートルほどからはしご場・ロープ場が続く／3・急登がひたすら続く黒金山尾根／4・縦走路に出て時間と体力に余裕があれば、空身で天狗岩の展望スポットへ。狭い岩稜帯なので慎重に

には十分気をつけて。展望スポットでは、祖母山の横顔とも言える眺望が待っている。

再び祖母山へと続く登山道に戻り、縦走路を北へ進む。アップダウンを繰り返し、山頂直下ではしご場とロープ場が連続する。場所によってはその高さに腰が引けるかもしれない。でも注意を怠らなければ大丈夫。ここも目の前の行程を一つ一つクリアしていくのみだ。

ようやくたどり着いた山頂は広く、遠くに傾山の雄姿を望む。達成感に浸り、緊張と疲れが体から抜けていくのが分かる。

下りも3時間半の長丁場

下りは宮原の分岐を経由する3時間半の道のり。九合目小屋の水場で水分補給をして長丁場に備えよう。メンノツラ合流点（小松尾根分岐）を過ぎ、岩場の片側が切れ落ちた馬ノ背へ。ここは足場が不安定なので、両手足のうち常に三つを固定して登る「三点確保」で慎重に越えよう。

宮原からは縦走路を外れ、南東の尾根道を歩いていく。下りとはいえ、膝回りの筋疲労もあるのだろう、思いのほかきつい。

黄色い橋を渡ると〝下界〟に戻ってきた実感が湧いてくる。大変だけど面白い―まさに祖母山のフルコースを堪能した気分だ。登り終えた直後なのに、季節を変えてまた登りたくなること請け合いだ。

尾平登山口～黒金山尾根～祖母山～宮原

尾平登山口

大分自動車道・玖珠ICから約2時間10分（約100キロ）。国道210号、国道387号を経て熊本県小国町を抜け、くじゅう南麓の国道442号を進んで大分県竹田市へ。原尻の滝を過ぎ県道7号を南下し「もみ志や旅館」駐車場（約20台、1回500円＝料金箱へ）に止める。登山届ボックスのある登山口の先にトイレ併設の休憩所がある。ここは無料Wi-Fiが使えるので入山・下山連絡をしよう。

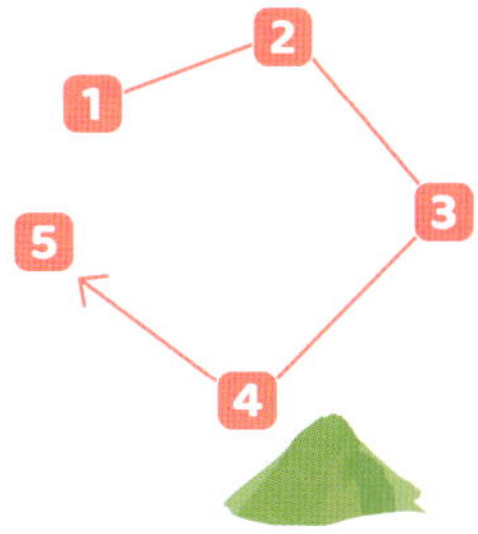

Map P.38

山行タイム　尾平登山口～10～第1吊橋～30～黒金山尾根取り付き～150～天狗の分れ～10～天狗岩～10～天狗の分れ～90～祖母山～10～九合目小屋～50～宮原～80～二合目～60～第1吊橋～10～尾平登山口（合計8時間30分）

第2吊橋

1 奥岳川沿いにある最初の黄色い第1吊橋は下をくぐって進み、この吊橋を渡って左岸へ。その後、短い橋を使い右岸へ、沢を渡渉して再び左岸に行き、黒金山尾根に取り付く

天狗の水場

2 ここまで来れば険しい黒金山尾根もあと少し。喉を潤し一息つこう

3 黒金山尾根を登り切り、祖母・傾縦走路と出合う。ここから祖母山を目指す

天狗の分れ

祖母山

4 山頂直下のはしご場、ロープ場を登り切ると大展望が迎えてくれる

宮原

5 九合目小屋から祖母・傾縦走路を東北東へ進むと出てくる。ここから尾根をひたすら下れば尾平登山口に戻る

Route 4

中級

白水登山口（八丁越駐車場）～祖母山

希少な動植物の森へ

7合目辺りに広がる大きな樹木と緑の空間。
奥深く静かな世界が広がっている

祖母山は「深山幽谷《しんざんゆうこく》」という表現がしっくりくる。こけむした静かな森へと続くこのコースには、特別天然記念物のニホンカモシカが生息し、山奥でシャクナゲがその美しさを競っている。まるでジブリ映画「もののけ姫」の森のようだ。ただ、森の豊かさと危うさは表裏一体。谷間をさかのぼって歩く箇所が多いので、梅雨時期や沢の増水時は避けた方がいいだろう。

上・林業が盛んだった時代の名残、ウインチ小屋／下・林道脇のお地蔵様。登山者を見守ってくれているようだ

メンノツラ谷の沢音と

登山口へは大分県竹田市側から神原《こうばる》方面を目指し、穴森神社、白水橋へと進む。橋を渡ったところにある八丁越駐車場に車を止め、右手の緩やかな道を行くと白水登山口がある。

メンノツラ谷の沢音を聞きながら約1時間の林道歩き。ウインチ小屋や砂防堤、柱状節理が目を楽しませてくれる。登山道脇のお地蔵様に安全祈願をし、まもなくメンノツラ入り口が見えてきた。

造林に携わる人たちが行き交っていた時代、この場所には小屋があり、車で入ってくることもできたという。今はぽつんと登山届のボックスがあるのみ。時の流れを思わずにはいられない。

ここからは沢を渡る。石が滑りやすいので十分注意してほしい。渡った後は、スギ林の急登が始まる。風でなぎ倒された木も多く、倒木を乗り越えたり、くぐったりとなかなか大変だ。

ピンクや黄色のテープを目印に高度を上げていく。5分ほどで、池の原とメンノツラ登山道に分かれる池の原分岐に出た。右のメンノツラ方面へと進む。

本格的な沢筋歩きが始まった。ぬれた岩は滑りやすく、小さな滝がいくつも立ちはだかる。行きつ戻りつの苦闘となるので、ヘルメットやロープ、沢登り用シューズはあった方がいい。初心者は、ガイドやベテラン登山者に同行してもらおう。

ニホンカモシカが生息

7合目付近で、周囲の雰囲気ががらりと変わった。歴史を感じさせる大きな木が増え、そこかしこに転がる岩はコケに覆われている。激減していると聞くニホンカモシカがよく似合う静謐《せいひつ》な森だ。ひょっとすると、ここにはまだ人間が足を踏み入れ

1・7合目辺りのこけむした岩々／2・柱状節理を切り開いてつくられた登山道／3・7月上旬に咲くオオヤマレンゲは「森の貴婦人」とも呼ばれている／4・荒れた沢には巨石が多く、行きつ戻りつの苦闘を強いられる／5・小松尾根に向かう急坂

ていないのかもしれない。そんな錯覚にさえ陥ってしまう。

歩き始めて3時間強。沢を離れ、小松尾根に取り付いた。この先にはツクシシャクナゲの大株があるらしい。一帯は登山者が〝シャクナゲ園〟と評するほどの群生地なので、見頃を迎える5月中旬はさぞかしきれいだろう。

メンノツラ合流点（小松尾根分岐）を右へ進めば、山頂までもうひと踏ん張り。祖母山九合目小屋が見えてきた。小屋の水場辺りでは7月上旬、「森の貴婦人」とも称されるオオヤマレンゲに出合える。この山は本当に豊かだ。貴重な動植物に見守られながらの登山は、なんだか心強い。

小屋から10分ほどで登頂した。山頂には石のほこらが祭られている。周囲は360度見渡せ、晴れた日にはくじゅう連山、阿蘇山、大崩山、由布岳が一望できる。とりわけ紅葉シーズンは大勢の登山客でにぎわうらしい。

パノラマを満喫したら、そろそろ帰るとしよう。滑りやすい岩場や、ロープを使って下りる急坂が多いので、下山は特に慎重に行きたい。手袋があると重宝する。

高度が下がるにつれ、川幅は広くなっていく。登山届ボックス手前で最後の渡渉を終えるまでは気を抜けない。

行きはぽつんと寂しげに感じた登山届ボックスが、帰りは「おかえり」と言ってくれているように見える。温かい気持ちになって、駐車場までの林道を歩いた。

白水登山口（八丁越駐車場）〜祖母山

白水登山口（八丁越駐車場）

大分県竹田市内から県道8号、同639号を南西へ約17キロ走ると穴森神社参道入り口がある。ここからさらに約2キロ進むと左手に白水橋。「禁漁区これより上流」の看板＝写真左＝が目印だ。この橋を渡り約1キロで「警告」の看板＝同右＝があり、その右側に八丁越駐車場がある。ここに車を止め林道を1時間ほど歩くと登山届ボックスに到着。

山行タイム

白水登山口（八丁越駐車場）〜 50 〜登山届ボックス〜 150 〜小松尾根出合〜 40 〜メンノツラ合流点〜 10 〜九合目小屋〜 10 〜祖母山〜 10 〜九合目小屋〜 10 〜メンノツラ合流点〜 30 〜小松尾根出合〜 120 〜登山届ボックス〜 40 〜白水登山口（八丁越駐車場）（合計7時間50分）

Map P.39

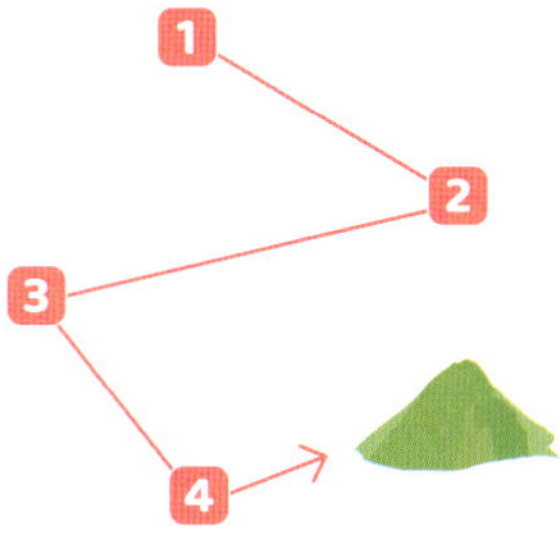

林道入り口

1 八丁越駐車場から先、道が三方に分かれるが一番右の緩やかな林道を進む

2 かつては小屋があり、ここまで車で行けたとのこと

登山届ボックス

池の原分岐

3 登山届ボックスから5分ほどで池の原分岐。「池の原」「メンノツラ登山道」という矢印の看板が現れる

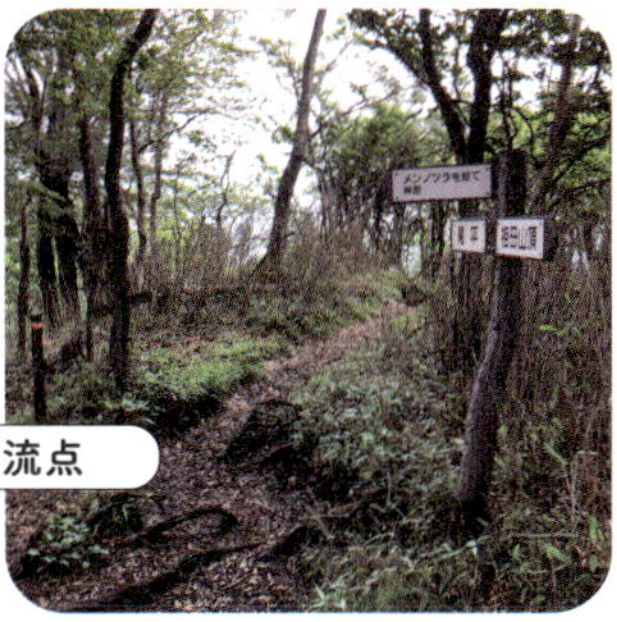

メンノツラ合流点

4 急坂を登り切るとメンノツラ合流点にたどり着く。ここから山頂へはもうひと頑張りだ

太騰子岩
田市
メンノツラ合流点
(小松尾根分岐)
馬ノ背
宮原
九合目小屋
祖母山
祖母山
1756.4m
はしご、ロープが連続
豊後大野市
二合目
うるしわ谷
うら谷
せまん谷
もみ志や旅館
駐車場
(有料)
渡渉
奥岳川
第1吊橋
(くぐる)
第2吊橋
(渡る)
尾平登山口
尾平
津上橋
(渡る)
黒金山尾根
取り付き
三枚谷
天狗の分れ
黒金山尾根(長い急登)
天狗の水場
天狗岩
天狗岩の展望スポット
川上本谷
烏帽子岩
障子岳
でけやま谷
古祖母山
尾平トンネル
Route 3
START
GOAL
0m
500m
1cm=250m

Route4 白水登山口（八丁越駐車場）〜祖母山 （p34）

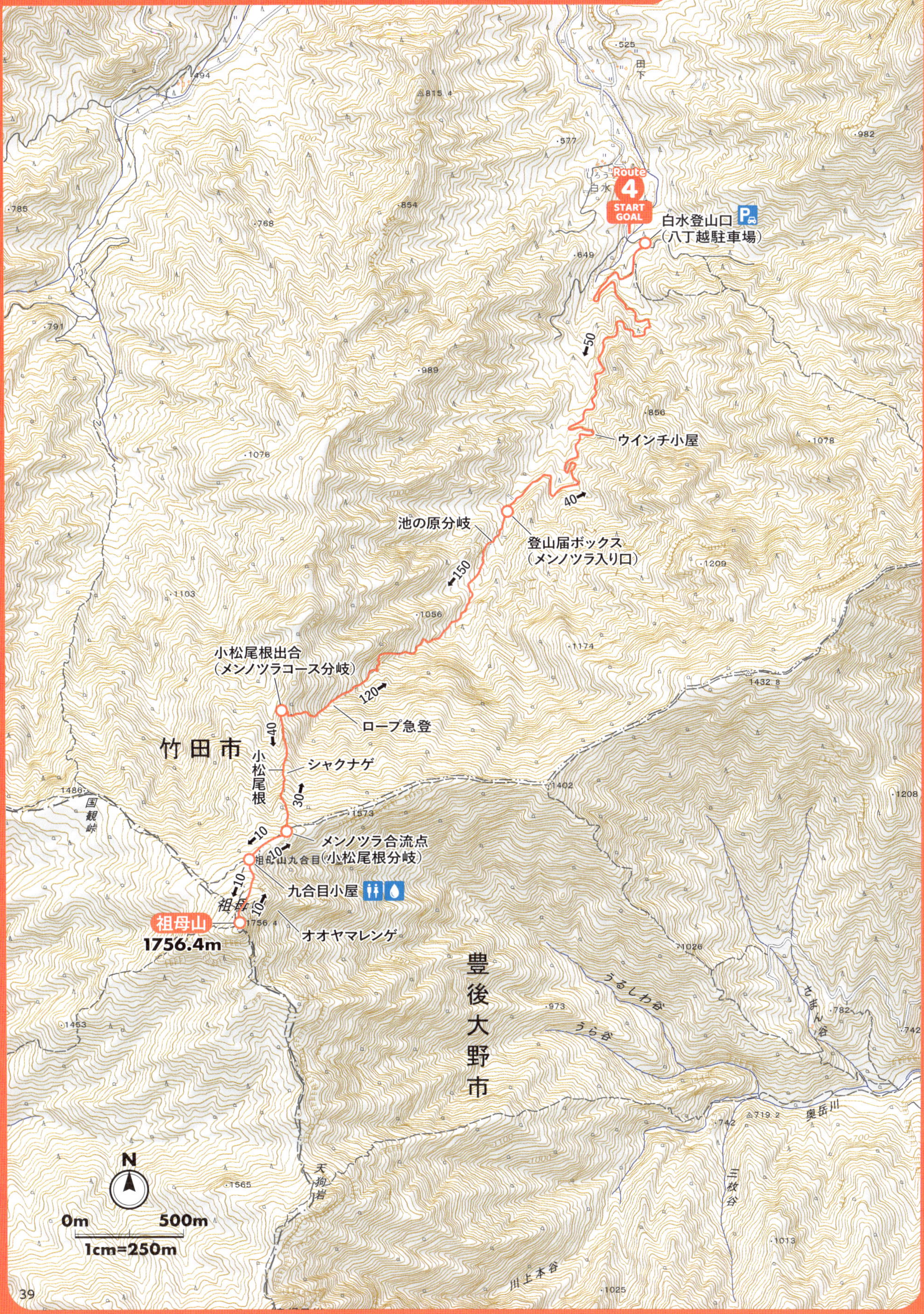

Route 5

上級

親父山登山口～三尖～黒岳～親父山～障子岳

クマも歩いた⁉ 花と紅葉の4座周回

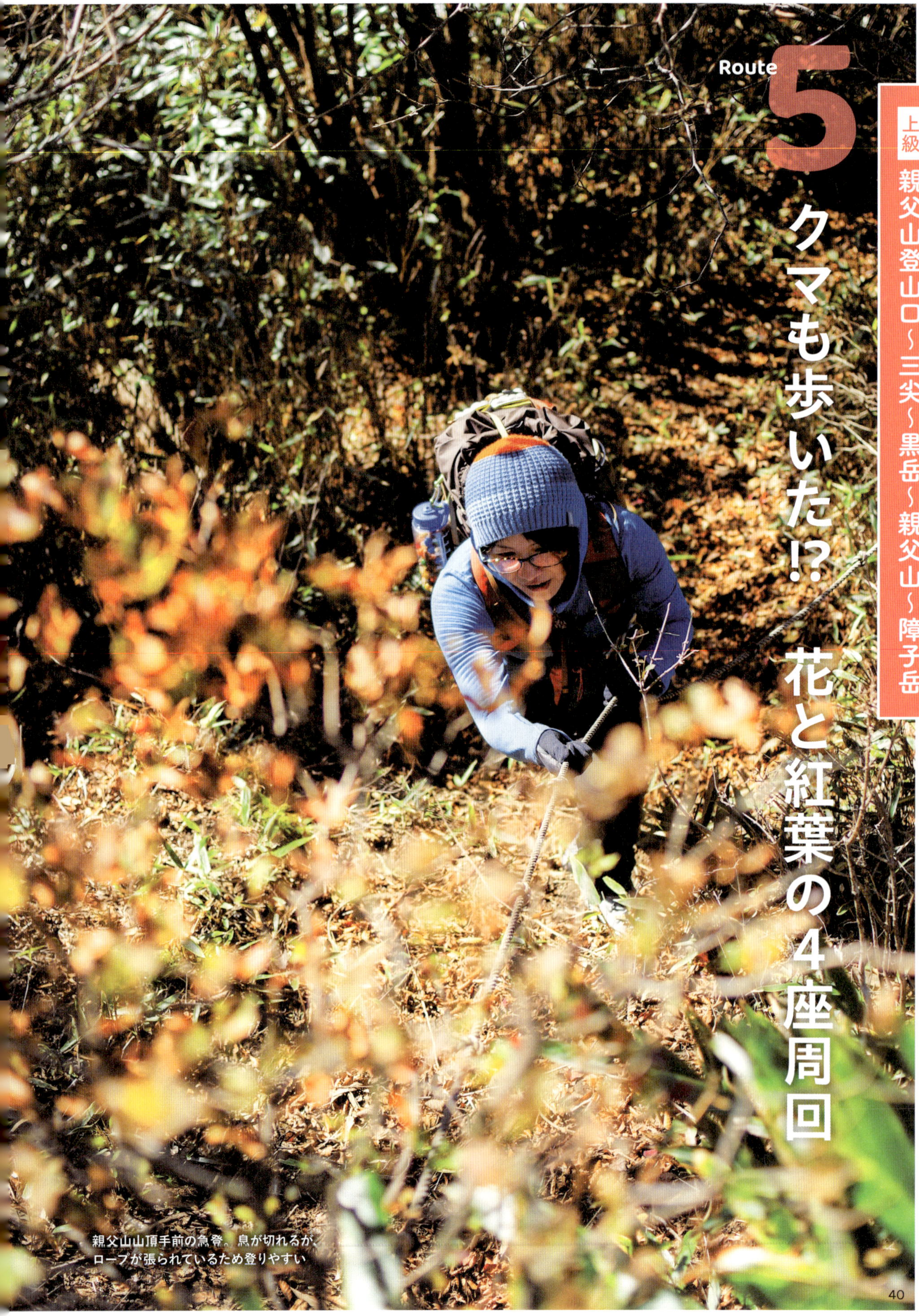

親父山山頂手前の急登。息が切れるが、ロープが張られているため登りやすい

祖母山系にはツキノワグマが生息していた⁉　そんな歴史の一端に触れられるルート。腰が引けてしまった人もいるかもしれないが今は昔。春は花が咲き誇り、秋は紅葉の美しい絶景コースでもある。4座を巡るハードな道程だが、「何度でも歩きたい」と語る山好きも少なくない。勇気を出して、さあ出発だ。

障子岳山頂より古祖母山から傾山へ続く長い縦走路を目でたどる

親父ってクマだったのか

周回コースの発着点は親父山登山口。この親父とはクマを指すらしい。九州のツキノワグマは絶滅したとされるが、スタート地点でさっそくクマの〝お出迎え〟を受けるとは…。ありもしないクマの視線を背中に感じつつ、四季見橋を渡る。スギ林を抜けて、スズタケが生える一本道へ。急な上りが続く。沢の音がだんだん遠ざかる。急登で地面ばかり見ていると、肝心の紅葉を見過ごしてしまうので注意しよう。

ジグザグの険しい上りを終えたところが第1ピーク。そこからいったん下って上り返したら、最初の目的地の三尖《みつとぎり》（1474メートル）に到着する。秋はドウダンツツジが色づき、春にはシャクナゲのピンクに染まるという。

次の黒岳（1578メートル）へは時折ロープを使い、三点支持でゆっくり高度を稼いでいく。山頂に着いたら、まず少し西の展望所に行ってほしい。阿蘇五岳やくじゅう連山を見渡せる絶景スポットが待っている。

春がおすすめ「花の山」

3座目の親父山（1644・2メートル）へ向かおう。ロープが張られた急な下りを進む。北側に祖母山がそびえ、登山の無事を見守ってくれている。

北谷登山口への分岐を過ぎ、見晴らしのいい大岩に出た。大岩を巻いて下った後、上り返したら山頂に着いた。

ここは山名にクマを冠しているものの、クマにまつわるものは見当たらない。後で分かるのだが、次の障子岳《しょうじだけ》（1709メートル）にそれはある。クマの山というより、今はシャクナゲやアケボノツツジが咲き誇る花の山という印象の方が強い。頂からは障子岳と古祖母山へ

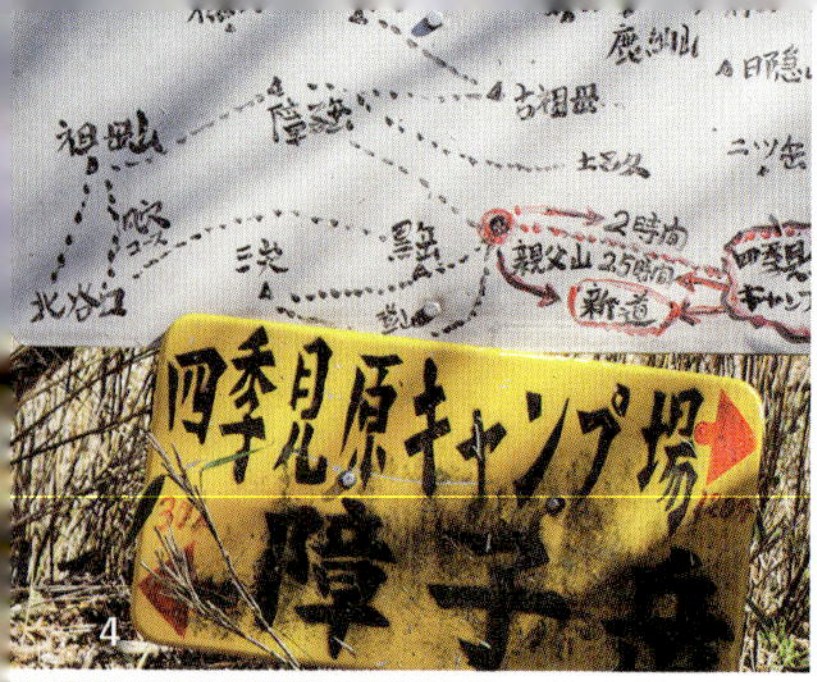

と続く縦走路が見える。

クマのたたりの言い伝え

障子岳はB29遭難碑を通り過ぎ、なだらかな上りを進んだ先にある。山頂には「熊ノ社」と書かれた小さな石碑があった。1881年、ある猟師が仕留めたクマを慰霊するために建てた墓標で、クマ塚と呼ばれるそうだ。

祖母山系には他にもクマ塚がある。この辺りでは「クマを殺すと疫病の流行などのたたりがある」と信じられていたという。今回のコースはクマの登山口に始まり、最後の4座目をクマで締めくくる形となった。

障子岳の山頂からは360度の大パノラマが広がる。由布岳やくじゅう連山も見える。4座も踏破した達成感に浸りながら、ゆっくり休憩しよう。

下山は親父山に引き返した後、1526メートルピークを経て、スタート地点の登山口へと戻るルートをたどる。ロープと木をつかみながらの急な下り道。決して急がず、足場をしっかり確認しながら一歩一歩進んでほしい。

1526メートルピークは小さな展望台になっている。岩の上に立つと、さっきまでいた親父山や障子岳が手を振ってくれているようで名残惜しい。

四季見原キャンプ場への分岐を過ぎて登山口が近づくと、再び沢の音が聞こえ始め、ほっとする。整備された階段を下ると林道に出た。ゴールはもうすぐだ。クマにまつわる歴史や風土、美しい自然にもたっぷり触れた一日だった。

1・三尖山頂。展望はないが少し先に黒岳、阿蘇山が見える場所がある／2・夏に花を咲かせるヤマボウシ。10月には甘酸っぱい実がなる／3・黒岳からしばらく進むと大岩がある。木の根をつかみ慎重に下る／4・親父山山頂の案内板。まずは目の前に見える障子岳へ登ろう／5・親父山からの急な下りを終えた鞍部

親父山登山口〜三尖〜黒岳〜親父山〜障子岳

親父山登山口

九州道熊本ICから国道57、325号経由で宮崎県高千穂町へ。玄武山トンネルを出て最初の信号を龍泉寺の方向へ左折。道なりに約15分進み、左手に現れた竜ケ岩の滝の先を左折して約5分。「四季見橋」がある所が登山口。路肩に4、5台ほど止められる駐車スペースがある。

山行タイム 親父山登山口〜 70 〜三尖〜 50 〜黒岳〜 50 〜親父山〜 45 〜障子岳〜 40 〜親父山〜 35 〜 1526メートルピーク〜 55 〜親父山登山口
（合計5時間45分）

Map P.52

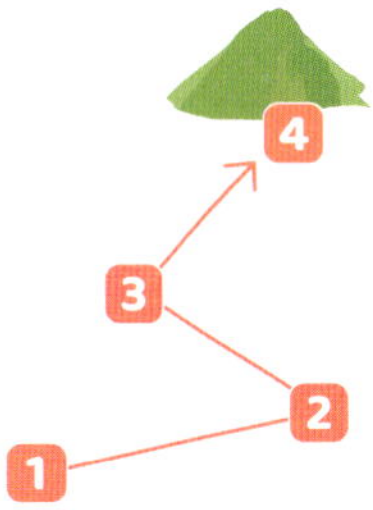

シャクナゲ

1 「花の女王」とも呼ばれるシャクナゲは春山の主役の一つだ

北谷登山口分岐

2 黒岳からすぐの所に北谷登山口への分岐がある

障子岳

4 「熊ノ社」と刻まれた小さなクマ塚がある。山頂にあるゲートを開けて進めば祖母傾縦走コースに入ることができる

B29遭難碑

3 1945年8月、米空軍のB29爆撃機が濃霧と雨のため障子岳の尾根に接触し墜落。搭乗員12名が亡くなった

Route 6

中級

尾平越トンネル南口（登山口）〜障子岳〜古祖母山

伝説残る神秘の2座へ

眼前の岩の上は障子岳。
ロープと岩と木を保持し確実に登ろう

祖母・傾・大崩山群で、祖母山に次ぐ高峰を誇る障子《しょうじ》岳《だけ》（1709メートル）と、その隣に鎮座する古祖母山《ふるそぼさん》（1633・1メートル）を一気に巡ってみてはどうだろう。障子岳にはクマにまつわる言い伝えがあり、古祖母山には山神さまの伝説が残る。山の奥へ足を踏み入れるほどに、神秘の世界にいざなわれていく錯覚に陥るかもしれない。

左／障子岳山頂のクマ塚。1881年藤野四郎太が障子岳でクマを捕獲、「熊ノ社」として建立した
右／入山者数を把握する手動カウンター

クマゆかりの障子岳へ

大分県豊後大野市と宮崎県高千穂町を結ぶ「尾平越《おびらごし》トンネル」。その宮崎側の出入り口近くに登山口がある。数十台が止められる駐車場も整備されている。登山口には、祖母・傾・大崩ユネスコエコパーク推進協議会が、入山者数を把握するために設置したカウンターがあるので記録を忘れずに。

いよいよスタートだ。まずは約7・3キロの土呂久林道を進み、障子岳を目指す。林道は車でも行けるが、昨今の豪雨で大きく荒れ、おすすめはできない。とはいえ、歩くにはちょっと長すぎる…と不安を抱く人もいるだろう。でも臆することはない。南側に連なるたおやかな山々と、道沿いのモミやツガの大木が力をくれるから。景色を楽しんでいるうちに土呂久川に差しかかる。栂谷《つがだに》大滝も見えてきた。

この先、登山道は新道と旧道に分かれる。川の下流を向いて左側の新道は、滝を眺めながら歩けるのでぜひこちらへ。滝を正面に見据え、滝の下まで来たら、飛び石を伝って左岸から右岸に渡る。渡り終えたら、今度は大きな沢へと流れ込む支沢を再度、左岸から右岸へ。少し歩くと小滝が現れるので、その下を右岸から左岸に戻り、尾根道を行くと旧道と合流する。

山腹沿いに歩き、開けた河原に出てきた。ここは鉱山跡で、江戸時代には銀を産出していたとされ、近代ではスズなどを掘り出していたのかもしれない。

小さな沢を渡ること数度。緩やかな尾根道は、やがて祖母傾縦走路へと続く。左に障子岳、右に古祖母山が見えてきた。2座が間近に感じられるといやが応でも胸は高鳴る。

2座の分かれ道となる土呂久分岐を左へ。障子岳の山頂はもう目の前だ。ロープを使って岩をよじ登り、シカよけの柵とゲートを通過した先が最初の目的地だ。

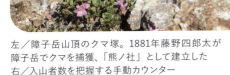

1・土呂久橋近くの栂谷大滝。落差12メートルはある／2・小さな沢を数度渡る。ストックで確実に進もう／3・土呂久分岐の道標／4・古祖母山山頂の三等三角点／5・夫婦岩の間にかけられているはしご。一段一段、確実に下ろう

山頂には、1881年に建立されたというクマの墓が鎮座する。昔は「クマを狩猟すると7代に渡ってたたられる」と言われていたそうだ。時代の名残を感じられるのも、この山域ならではの楽しみ方だろう。

眺望も素晴らしい。祖母山、阿蘇山、くじゅう連山、由布岳、鶴見岳、九州脊梁《せきりょう》の山々などを見渡せ、心が澄んでいくのを実感できるはず。

山神伝説の古祖母山へ

障子岳を後にして、先ほどの土呂久分岐まで戻る。分岐を直進し、古祖母山へ向かう。緩やかな上りと下りを繰り返し、およそ1時間で山頂にたどり着いた。

この山には、こんな伝説がある。かつてここには祖母山神さまが住んでいた。しかし、山神さまは近くの祖母山の方が標高が高いと知り、そちらに飛び移ってしまったのだとか。山神さまとは、神武天皇の祖母・豊玉姫を指す。山名の「祖母」はここに由来し、「古」の1文字にはこの伝説が反映されているのかもしれない。

古祖母山には南北二つのピークがあり、三角点は南のピークに設置されている。ひょっとすると、山神さまの在所は二つのピークの間だったのかも。そんな想像をするだけでロマンがかき立てられる。

2座を踏破し、尾平越へ下っていく。途中、アルミ製のはしごがかけられている夫婦岩、祖母傾山系の山並みが見渡せる展望台などがあり、最後まで登山者を飽きさせない。

尾平越から南に進路を取ると、スタート地点の駐車場が見えてくる。神秘の世界から急に現実に引き戻されたような不思議な気分だ。

尾平越トンネル南口（登山口）〜障子岳〜古祖母山 Route 6

尾平越トンネル南口（登山口）

大分県側からは現在、尾平越トンネルが土砂崩壊のため通行できない。宮崎県高千穂町の中心から、県道7号を車で約40分（約22キロ）進むと尾平越トンネル南口に着く。西側に広い駐車スペースがあり、木立の中にある白い道標の所から山道へ入る。

山行タイム 尾平越トンネル南口（登山口）〜120〜土呂久橋〜40〜新道旧道分岐〜80〜土呂久分岐〜20〜障子岳〜15〜土呂久分岐〜40〜古祖母山〜40〜展望台〜30〜尾平越〜30〜尾平越トンネル南口（登山口）（6時間55分）

Map P.53

土呂久橋

1 土呂久橋の手前が新道入り口。旧道は土呂久橋より南へ200メートルのところにある

障子岳

2 障子岳山頂から望む祖母山

古祖母山

3 三等三角点がある古祖母山の山頂。南側からは高千穂町や二ツ岳がよく見え、眺めは最高だ

展望台

4 古祖母山から40分ほど下ると展望台がある。大障子岩から祖母山、天狗岩、障子岳とつながる稜線を一望できる

Route 7

中級

大障子登山口（尾平林道入り口）〜大障子岩

せせらぎ感じる夏山へ

滝で癒やしと水を補給

尾平《おびら》林道の入り口にあたる大障子登山口までは車で行け、駐車もできる。歩き始めて数分のところに登山届ボックスがあり、右手の林道を進んでいく。

クーチ谷を渡り、谷筋を10分ほど歩くと、小石を円すい形に積んだ「ケルン」が見えてきた。山道に入った後、再び谷を渡り、その先の植林帯を登っていく。

山道に沢の音が響き始めた。道は谷間へと延び、道しるべのテープをたどりながら進んでいく。斜度を増した道はロープの助けを借りながら行くといい。すると正面に落差2、3メートルの小さな滝が現れた。このルートの見どころの一つ、「八丁越ノ滝」だ。別名を「愛しの滝」という。

滝は3段構造になっていて、上2段は岩盤の上を滑り落ちる「斜滝」になっている。渇水期でも流れが絶えることはないそ

夏山に登るなら、せせらぎを感じられる登山道を選びたい。沢を渡ったり、滝の脇を登ったりと、体験と起伏に富んだ山歩きは、体力こそ消耗するものの気持ちは湧き水のように澄んでいく。水の音を聞きながら緑陰を歩き、最後は岩山からの絶景に出合う——。暑さでバテた体も一気にリセットすること間違いなしだ。

大障子岩山頂付近から見た傾山。ほぼ360度の大展望が広がっていた

八丁越ノ滝の上2段は岩盤の斜滝となっている。サラサラと心地よい沢音が聞こえてきた

うだ。木の間から差し込む光で滝と緑がきらきらと輝き、なんとも言えない涼しげな空間を演出している。足元にはヤマホトトギスが数輪咲いていた。

ここは最後の水場でもある。目と心だけじゃなく、水筒を満たすことも忘れないようにしたい。

滝の脇の急な斜面を登りきると三差路になっている。右は愛山新道、左は旧道。今回は旧道を選び、いったん水の枯れた谷に下りた後、対岸の急な斜面を登り返す。「八丁越へ」と書かれた案内板が見えてきた。

愛山新道と交わり、山腹を折り返しながら高度を稼いでいく。ちょっとしんどいが、足元に咲くヤマジオウが力をくれた。

1・クーチ谷を渡り返した後、スギの植林帯の小尾根をテープ、踏み跡をたどってゆく／2・八丁越。鉱山がにぎわっていたころは「逓送越え」とも呼ばれていた／3・ヤマジオウ。森の妖精を思わせる愛らしい姿だ／4・山頂手前の小ピークの岩場。鎖を手がかりに慎重に登る

直前まで見えない大障子岩

前方が明るくなってきた。稜《りょう》線《せん》が近づいている証拠だ。やがて八丁越に飛び出した。この峠はかつて「逓送越え」と呼ばれていた。尾平鉱山が活況を呈していたころ、ここで故郷から届く郵便物の受け渡しをしていたのかもしれない。当時の八丁越は、人々のいろんな思いが交錯する場所だったのだろう。

ここから大障子岩（１４５１メートル）へは、小ピークを一つ越えていく。この小ピークに上がるまで大障子岩の全容は見えない。きょうはどんな景色を見せてくれるのだろう―。胸が高鳴るのは、険しい上り坂のせいではなさそうだ。道の途中では、通ってきたクーチ谷や尾平の谷間を見下ろすこともできる。

傾斜が緩くなると、鎖のかかった岩場に差しかかる。鎖を伝って右から巻く道がメイン登路のようだ。慎重に歩を進めると悠然とそびえる大障子岩が見えてきた。

岩壁を左にして、最後の急な登りを終えた。山頂近くは三差路になっていて、左に少し行ったところが頂。祖母山や傾山などをぐるりと見渡せる素晴らしい景色が広がっていた。

せせらぎを聞き、登山道脇の夏の草花に目を凝らし、最後は山頂の絶景に包まれる。こんな自然との一体感こそが活力になる。

さて、もうしばらく風景を楽しんだら山を下りるとしよう。

大障子登山口（尾平林道入り口）～大障子岩 Route 7

大障子登山口（尾平林道入り口）

大分方面からは、豊後大野市の道の駅「原尻の滝」から県道7号を約40分（約22キロ）南下すると、右手に尾平林道入り口がある。ここが登山口となる。宮崎方面からは、県境の尾平トンネルを抜け、約10分（約7キロ）で尾平林道入り口に着く。

山行タイム 大障子登山口（尾平林道入り口）～90～八丁越ノ滝～75～八丁越～20～大障子岩～20～八丁越～50～八丁越ノ滝～60～大障子登山口（合計5時間15分）

Map P.52

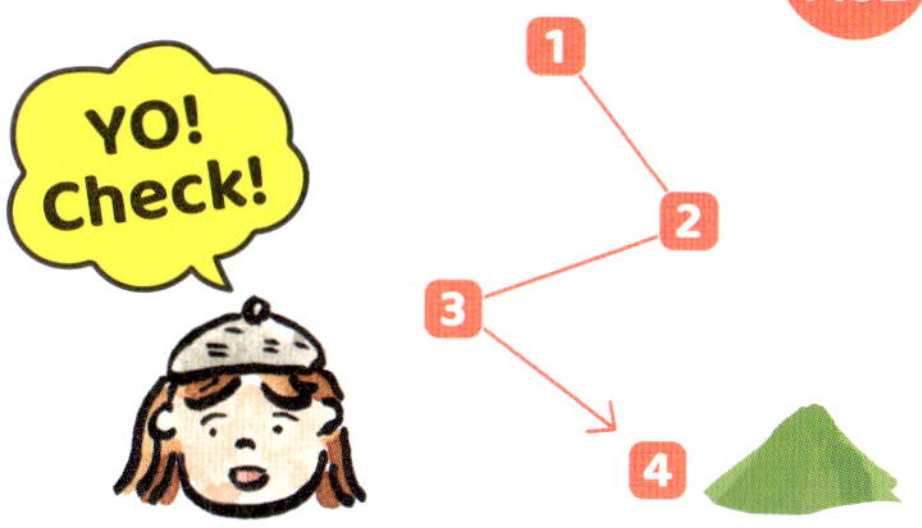

登山届ボックス

1 駐車地点から林道を数分進むと分岐があり、登山届ボックスがある。記帳してから右手の林道へ進む

八丁越ノ滝（最下段の滝）

2 ここが最後の水場となる。多めに水を補給しよう

滝の上の三差路

3 右は愛山新道。今回は左の旧道を進んだ

大障子岩

4 奥には祖母山がのぞく。西の岩上に出れば素晴らしい展望が広がる

Route 5 親父山登山口〜三尖〜黒岳〜親父山〜障子岳 (p40)

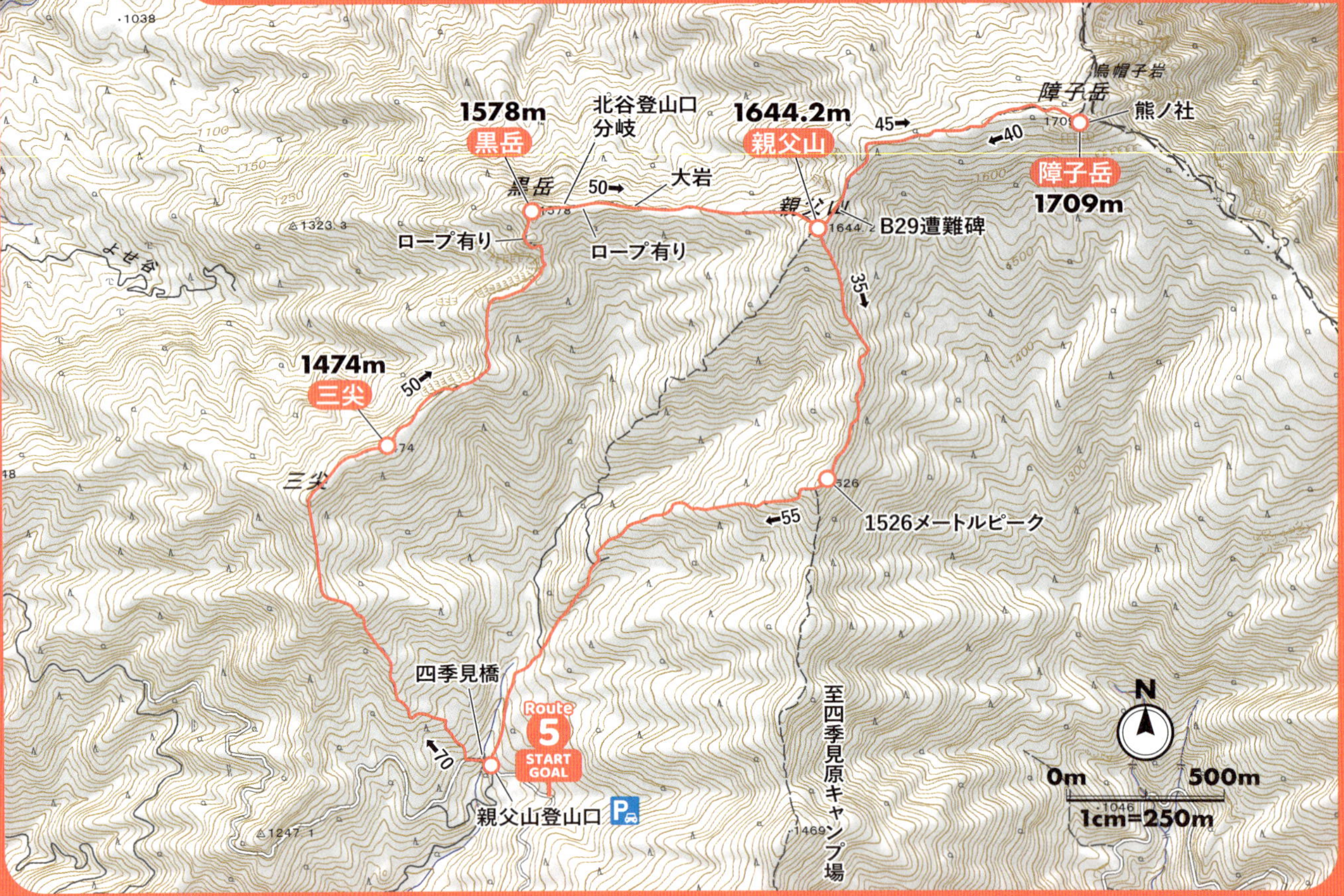

Route 7 大障子登山口（尾平林道入り口）〜大障子岩 (p48)

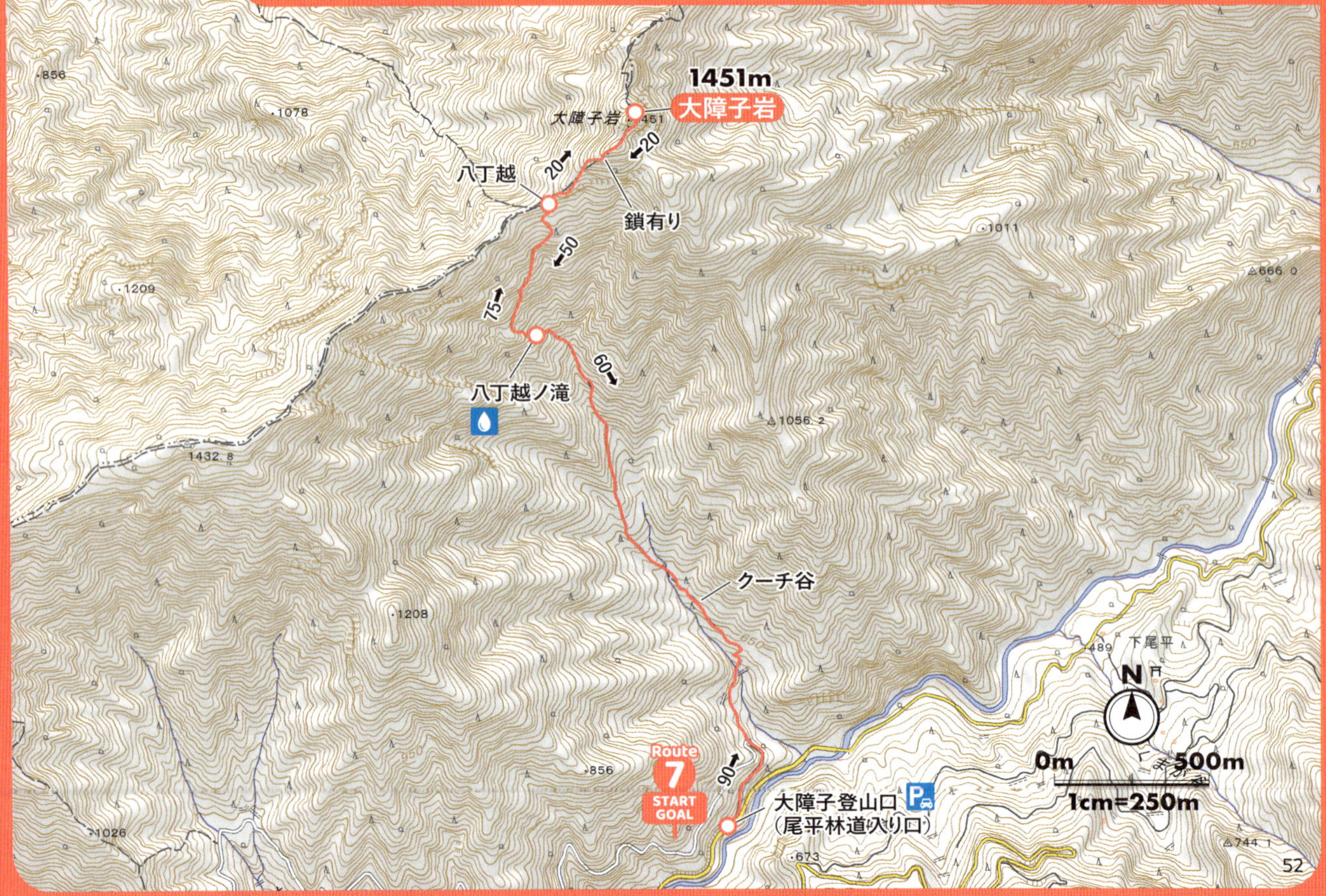

Route 6 尾平越トンネル南口(登山口)～障子岳～古祖母山 (p44)

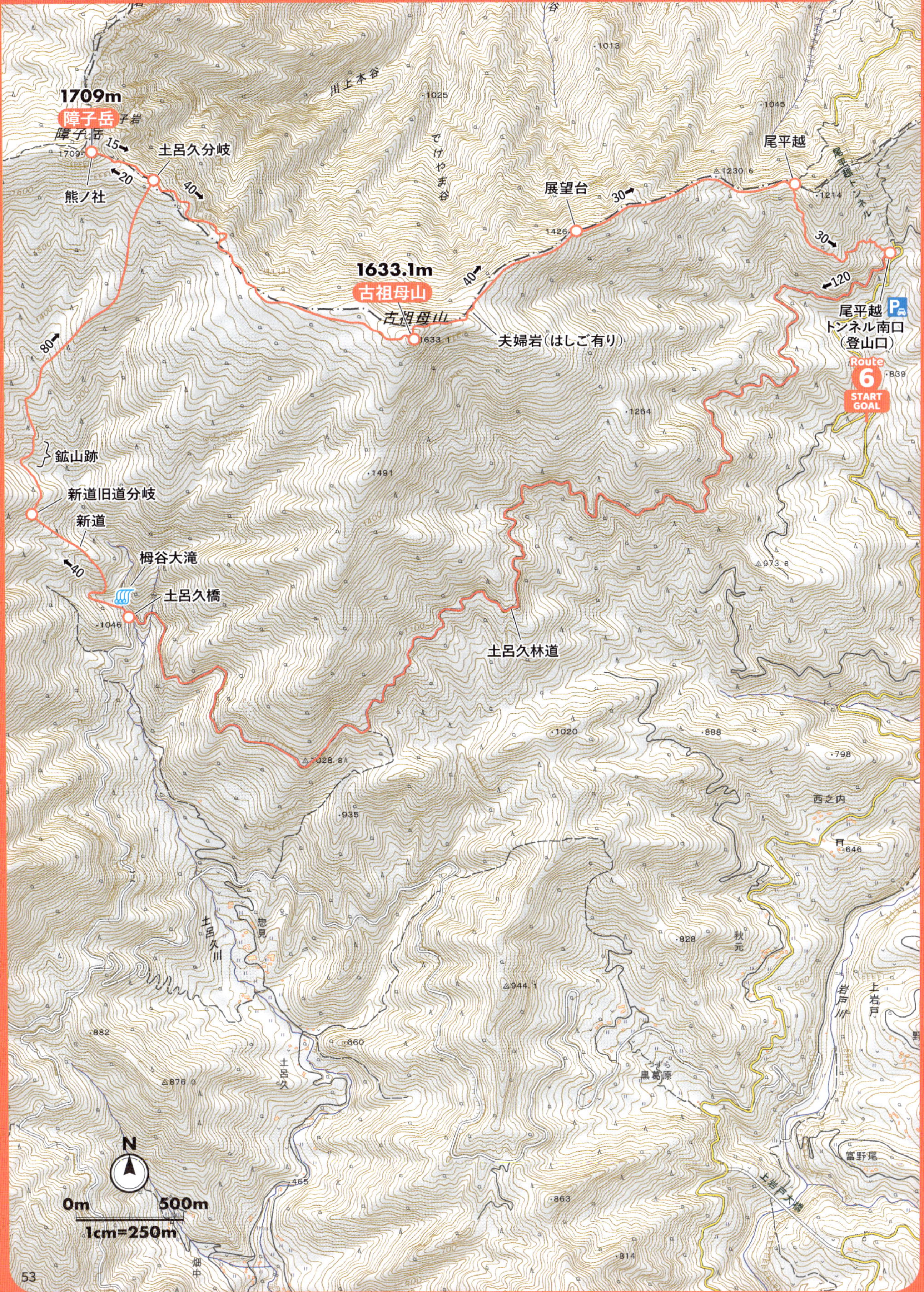

75メートル流れ落ちる滝の姿は壮観。九折川上流にあり九折登山口から傾山へ登る際は滝の上流を渡渉する

本書の案内人

山寺さん

体力に自信あり。沢登り、岩登りとなんでもこなす。温泉と日本酒が大好き。

傾山周辺のルート

祖母・傾とくくられることが多く、
案外この山自体を語れる登山者は多くないだろう。
ひょっとすると特徴のない山だと思っている人もいるかもしれない。
ところが、である。侮るなかれ、なかなか武骨な山だ。
巨岩をよじ登ったり、崖が舞台の昔話が息づいていたり。
この機会に神髄に迫ってみよう。

Route 8

昔話「吉作落し」の最接近ルート

上級 九折登山口〜三ッ尾〜坊主尾根〜傾山〜九折越

木傾の崖斜面に咲くツツジを
シルエットでタッチ

むき出しの太い岩塊群が天を突く傾山には、その険しさにまつわる伝説が息づいている。今回のコースには、岩茸《いわたけ》採りに夢中になった若者が崖の途中に取り残されるという昔話「吉作落《きっさくおと》し」が伝わり、登山者への注意喚起にもなっている。山登りは何よりまず安全が第一。ややハードなコースではあるが、基本に立ち返りつつ伝説の現場に最も近いルートを歩いて傾山の絶景を堪能しよう。

上・坊主尾根の終盤は岩登り。鎖やロープを使いながら慎重に／右・坊主尾根や傾山山頂周りで咲き誇るツクシアケボノツツジ。ピンクの色味が優しい

三ッ尾までは急登が続く

豊栄鉱山跡地の九折《つづら》登山口に立つと、森の先にコブ状の岩頭の連なりが見える。これから登る三ツ坊主と傾山だろう。なだらかな稜線《りょうせん》が特徴的な祖母山との違いは一目瞭然だ。

二つ目の青い鉄橋を渡って山手本谷を越え、三ッ尾行きを示す標識に従って左の狭い道へ。間もなく落差75メートルの観音滝が木々の間から見えてくる。この滝の落ち口の上流を渡り、どうかい谷の右岸に移った後、林道へと上がる。

林道にある登山届ボックスの先から尾根に取り付く。三ッ尾の分岐までの標高差は600メートル弱。モミ、ブナ、カエデなど樹林帯の急登が続く。ここさえ乗り越えれば、三ッ尾から水場コース・坊主尾根分岐までは心地よい山歩きが待っている。それを楽しみに頑張ろう。

「慢心への戒め」教訓に

三ッ尾で一息入れた後、坊主尾根に踏み込む。この辺りが「吉作落し」の舞台にあたる。

昔話のあらすじはこうだ。山の麓で暮らしていた吉作は、岩壁に生える岩茸採りを仕事にしていた。採取のため坊主尾根の崖斜面を縄で下り、岩だなに足をかけたとき、縄から手を離してしまった。岩だなで助けを求め続けたもののこだまするだけ。その大声を聞いた者もいるにはいたが、てんぐの怒声と恐れ、近づこうとしなかった。ついに5日目、心身ともに疲れ果てた吉作は、空を飛べば家に帰れる気がして、そこから身を投じたという。

伝説とはいえ、不安になった

1・本傾の垂直岩壁（左）の脇から大障子岩などが見える／2・後傾からの本傾。谷底へ延びる尾根は迫力満点／3・落差75メートルの観音滝の渡渉地点。左側の滝の落ち口には絶対近づかないこと／4・三ッ尾から水場コース・坊主尾根分岐の間は快適な道歩き

人もいるかもしれない。でも安心してほしい、登山ルートはこの崖を通るわけじゃない。この話は慢心への戒めであって、安全への注意を怠らないようにというメッセージだ。登山者はそれをしっかり受け取ってほしい。

三ツ坊主を過ぎ、二ツ坊主に差しかかった辺りからツクシアケボノツツジが目立ってきた（5月初旬）。落ち着いたピンクの花が緊張を和らげてくれる。

水場コースとの合流点の直下、一ツ坊主への登りは岩場となる。足場の悪い箇所もあるので、鎖をつかみ、両手足のうち常に三つを固定して登る「三点確保」を徹底しよう。

ヘビー級の巨岩ピーク

山頂がある本峰は「本傾《ほんかたむき》」と呼ばれ、本傾の北側のピーク群は「前《まえ》傾」、南のピークは「後《うしろ》傾」と言われる。

山頂へは、前傾に上がった後、ピークの間の低くぼんだ「コル」に下り、そこから本傾の東の急斜面を巻くようにして上がる。山頂の西端まで行けば、祖母山をはじめ祖母・傾縦走路をぐるりと見渡せる。

さらに後傾へと向かい、本傾を見上げると、谷で隔てられているにもかかわらず、ヘビー級の巨岩ピークとも言える圧倒的な存在感が迫ってくる。

杉ケ越《すぎがごし》分岐を経てロープ場を下る。センゲン（1378メートル）に至る途中、「これぞ傾！」と膝を打ちたくなる雄姿を撮影できるスポットもある。

道が平たんになったら九折越《つづらごし》だ。九折登山口へは北に向かう登山道を進む。この先、急斜面の下りやカンカケ谷付近の道迷いに気をつけよう。

9時間半を超す日帰り登山だった。もし日程が許すのなら、九折越小屋やテントで1泊するのもいいだろう。時間や気持ちに余裕が生まれると、同じ景色も見え方が違ってくるはずだ。

Route 8

九折登山口～三ッ尾～坊主尾根～傾山～九折越

九折登山口

大分自動車道・玖珠ICから約2時間10分（約90キロ）。国道210号、国道387号を経て熊本県小国町を抜け、くじゅう南麓の国道442号を進んで竹田市へ。「原尻の滝」を過ぎ県道7号を道なりに走り、分岐標識で「傾山登山口」が示す左へ入る。豊栄林道の終点手前が登山口。駐車は15～20台ほど。すぐ横の休憩舎はトイレと洗い場が併設。無料Wi-Fiあり。

山行タイム 九折登山口～50～林道出合～100～三ッ尾～25～水場コース・坊主尾根分岐～130～水場コース・坊主尾根合流点～30～傾山～15～杉ケ越分岐～70～九折越～45～五合目林道出合～90～九折越・観音滝分岐～15～九折登山口（合計9時間30分）

Map P.68

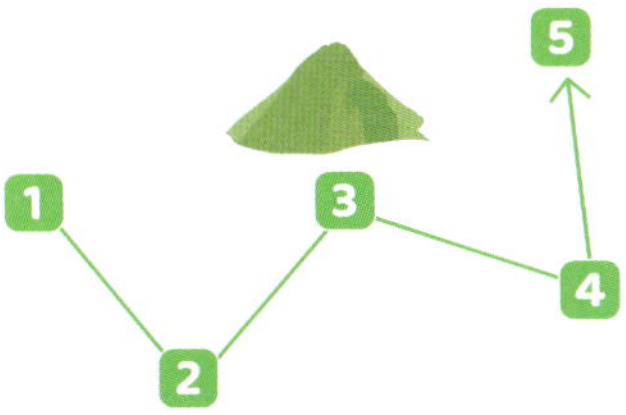

三ッ尾の西尾根

1 林道出合から取り付く三ッ尾までの尾根は、だらだらと長い上に後半は急登となり、けっこう消耗する

三ッ尾

2 ここまで来ると、今回の最初のハードルをクリアしたことになる。一息入れよう

傾山（本傾）

3 緊張を強いられる坊主尾根を越えてたどり着く傾山の山頂は、思いのほか広い。西の奥側へ行くと祖母山一帯を含む360度の眺望を楽しめる展望スポットがある

九折越

4 東西に走る祖母・傾縦走路と、北の九折登山口、南の黒仁田登山口へ下る道の交点になっている。テントサイトとして人気がある

九折越の水場

5 九折越から南に標高差70メートルほど下った右手に、貴重な水場がある。時間が許せば水補給をしよう。枯れている場合、さらに下ると伏流水が出ていることも

Route 9

初級 黒仁田登山口～九折越～傾山

山頂に一番近い所から

登山口までが最大の難所？

標高約1000メートルにある黒仁田登山口を出発して…と、さっそく山登りを始めたいところだが、実は登山口まで車で行くのが今回の一番の難所かもしれない。

県道6号から登山口までの通称・黒仁田林道（奥村林道、11キロ）は舗装されていないガタガタ道が続く。落石に気をつけるのはもちろん、ぬかるんだわだちの深みにタイヤがはまらないように細心の注意を払わなければならない。だから、ぜひ晴れた日を選んでほしい。登山口近くの駐車場には5台ほど止められる。

では仕切り直して、レッツゴー！　登山届のカウンターにチェックを入れ、ミズナラ、ツガなどが立ち並ぶ深い樹林を歩く。大きなモミの木も見えてきた。思わず足を止め、クリスマスツリーにしたら圧巻だろう

センゲンから望む傾山。本傾と後傾の岩峰が猫の耳のように見えてかわいい

傾山ってなんだか手ごわそうだけど、初心者が登るにはどのルートがいいの？　そんな疑問への答えがこのコースだ。傾山は西側からスタートする方が比較的登りやすいとされている。中でもここは山頂に一番近い登山口というのが最大の売り。その上、登山道沿いには水場あり、山小屋あり、テントサイトありとくれば選ばない手はないだろう。さあ、あなたもはじめの一歩を踏み出してみませんか。

県道6号沿いにある黒仁田林道入り口

な、なんて想像してしまう。

道の途中には水場がある。きょうは日帰りだが、十数分ほど歩いた先にある九折越《つづらごし》小屋に泊まるスケジュールを組む場合は、この水場を利用することになるだろう。

水場を後にして約10分、九折越の広場に出た。視界の開けた気持ちのいいテントサイトで、荒々しい傾山の岩峰を拝むことができる。山小屋もいいけれど、ここでテン泊するのも捨てがたい。

雄々しい山の意外な一面

広場から東へ向かい、やがて

1・登山口まで11キロ続く黒仁田林道。落石が多く深いわだちもあり要注意だ／2・林道から登山道に入り深い樹林を歩く／3・初夏にはミヤマキリシマを楽しむことができる／4・本傾山頂から三ツ坊主方面を望む

標高1378メートル地点のセンゲンに着いた。切り立った岩で構成された傾山は、近づくにつれて岩峰の鋭さがいっそう増していくように感じられる。ただ、ここから見上げる印象はちょっと違う。本傾《ほんかたむき》と後《うしろ》傾の岩峰が猫の両耳のように見えてなんともかわいらしい。雄々しい山の意外な一面を垣間見たようでうれしくなる。

ほっこりした気分になったのもつかの間、ここからはアップダウンが続く。岩場の急登もあるので、命綱の役割を果たすフィックスロープなどを利用して慎重に行きたい。

杉ケ越からの登山道と合流し、後傾に南側から回り込んで登っていく。目の前には、本傾山頂の切り立った南壁が迫ってくる。

尾根が少しくぼんだところに下った後、払鳥屋側と三ツ尾側の双方の道と合流し、まもなく本傾の山頂にたどり着いた。

この付近のおすすめスポットは、山頂から稜線《りようせん》を少し西へ歩いたところ。祖母・傾山系の雄大で長大な景色を満喫できる。さらに眼下には三ツ坊主、二ツ坊主、昔話「吉作落《きっさくおと》し」の舞台が広がり、傾山ならではの岩壁の美しさも堪能できる。

景色を十分楽しんだら下山の準備にとりかかろう。登山経験が少ない人は登頂したことで目標を達成した気になりがちだ。下山の方が事故は起こりやすい。気持ちを引き締め直して、黒仁田登山口を目指そう。

黒仁田登山口～九折越～傾山

黒仁田登山口

大分県豊後大野市市街地から国道326号を南下。ととろ入口交差点を右折し、県道6号を約30分進むと杉ヶ越トンネルを抜ける。さらに10分車を走らせると右手に黒仁田林道入り口がある。林道に入り約40分で黒仁田登山口に到着。付近には5台ほどの駐車スペースがある。宮崎方面からは、日之影町市街地から県道6号を北上。約50分で林道入り口に着く。

山行タイム 黒仁田登山口～50～九折越～30～センゲン～60～傾山～50～センゲン～25～九折越～35～黒仁田登山口（合計4時間10分）

Map P.69

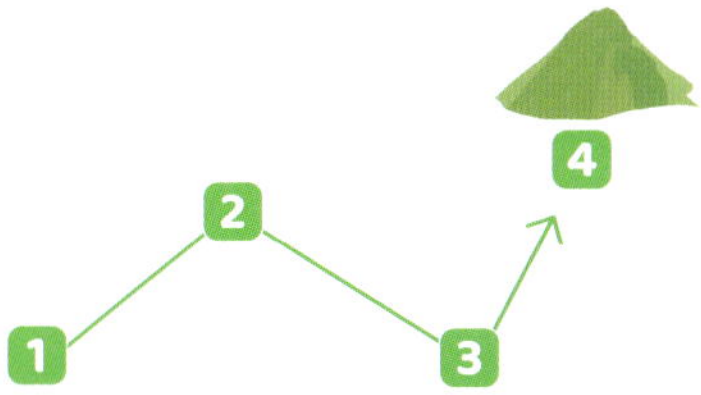

水場

1 登山道を歩くうちに水場が現れる。九折越小屋に泊まるときは、ここまで水をくみに来る

杉ヶ越分岐

3 南南東に進めば杉ヶ越登山口

九折越の広場

2 視界の開けたテントサイトは張る場所を悩むくらい広い

傾山（本傾）

4 黒仁田登山口から約2時間20分で登頂することができる

10

中級　西山登山口～ソデ尾～傾山

アップダウンのち大パノラマ

続く急な尾根 ゆっくり一歩一歩

傾山は十文字に延びた尾根それぞれに登山道があり、大分県側からの登路はおおむね険しいとされている。

西山登山口をスタートして、さんしょう谷へ下りる。沢を2度渡り、スギ林を通り抜けると林道に出た。「傾山」と書かれた道標に従って林道を横切る。その先で再度、水の流れの少ない石ころの沢を渡る。

やがてソデ尾まで延々と続く尾根に取りついた。標高差600メートルの登りが始まる。いよいよここからが正念場だ。駆り立てられる登頂意欲の一方で、ふと不安がよぎる。深呼吸をして、「一歩一歩、確実に進むほかない」と自分に言い聞かせた。急ぐ必要なんてない。まだまだ序盤、ゆっくりとしたペースで行こう。

標高が高くなるにつれ、植林地帯は自然林へと変わってい

傾山山頂から望む祖母・傾縦走路。360度の大パノラマが広がっていた

岩峰そそり立つ傾山に大分県佐伯市側から登ってみよう。ソデ尾を経由するコースは、累積標高差約1280メートルのアップダウンの先に、山頂からの大パノラマが待っている。極上のごほうびのためなら、ちょっとぐらい試練があっても頑張れそうだ。

ソデ尾手前の岩場。ここを登り切れば緩やかな登山道が続く

く。なかなかの急登だ。登山道にはロープが張られている。いくつかロープをクリアすると、展望の良い岩場に到着した。南には桑原山《くわばる》、木山内岳が見える。

この岩場を過ぎると、ツガやヒメシャラ、ブナなどの巨木が林立する。道は相変わらず険しい。風はすがすがしいものの、呼吸がどんどん荒くなる。

やっとの思いで登り詰めたところが冷水登山口コースとの合流点・ソデ尾だ。

祖母・傾縦走路望みつらさも吹き飛ぶ

ロープをつかんで急坂を50メートルほど下り、山頂の方向に目をやる。落葉樹の森が続いている。

秋になれば、まばたきもためらうような紅葉が見られるに違いない。そんな一瞬だけで急登のつらさは吹き飛ぶものだ。さらに高度を上げていく。一帯はカエデやナナカマドの絶好の観

1・西山登山口の手前付近から見上げた後傾／2・登山道入り口。ここからスギの植林帯を進む／3・最初の渡渉箇所／4・固定ロープをしっかりつかんで登ろう。ソデ尾まではハードな急登が続く

賞ポイントだ。標高1510メートルピークを通り過ぎたら、もう山頂は近い。

　山頂には遮るものがなく、360度の大パノラマが広がっていた。標高では祖母山に及ばないものの展望では勝っているように思う。馬蹄《ばてい》形に連なる祖母・傾縦走路を望み、天候に恵まれたおかげで大崩山系や阿蘇山、くじゅう山系も見渡せた。爽快感と達成感というごほうびをもらった感覚だ。

　下山は、10分ほどで着く後傾に足を延ばした後、往路を引き返す。約9キロを歩いて少し疲れたけれど、かけがえのない感動を得られた。

西山登山口～ソデ尾～傾山

西山登山口

傾山の東側、西山林道終点にある登山口。東九州道佐伯ICから県道36号、国道217、10号、県道39号、国道326号、県道6、613号、市道、西山林道経由で50キロ、約1時間半。林道終点は車のUターン箇所のため駐車禁止。登山者は200メートル手前にある4～5台駐車可能な林道脇を利用。

山行タイム 西山登山口～15～林道出合～60～展望岩～60～ソデ尾～65～傾山～10～後傾～10～傾山～50～ソデ尾～45～展望岩～45～林道出合～15～西山登山口（合計6時間15分）

Map P.69

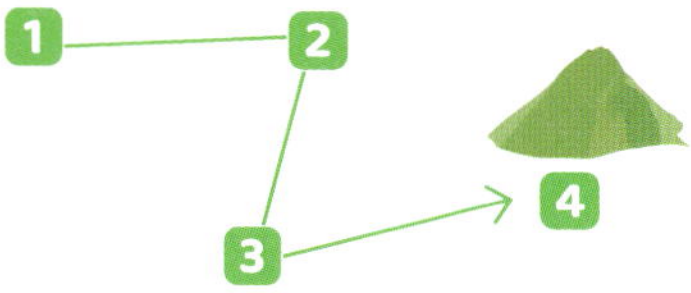

御泊分岐

1 県道6号から御泊分岐を右折し西山林道を進む

縦走路と出合

4 後傾、本傾の登山道に出たところ。山頂まで約70メートルだ

ソデ尾

2 ソデ尾に立つ道標。このコースは尾根に取りついてからここまでの登りが正念場

ホトクリ原

3 ソデ尾から先、緩やかなアップダウンが続く

Route 8 九折登山口～三ッ尾～坊主尾根～傾山～九折越 (p56)

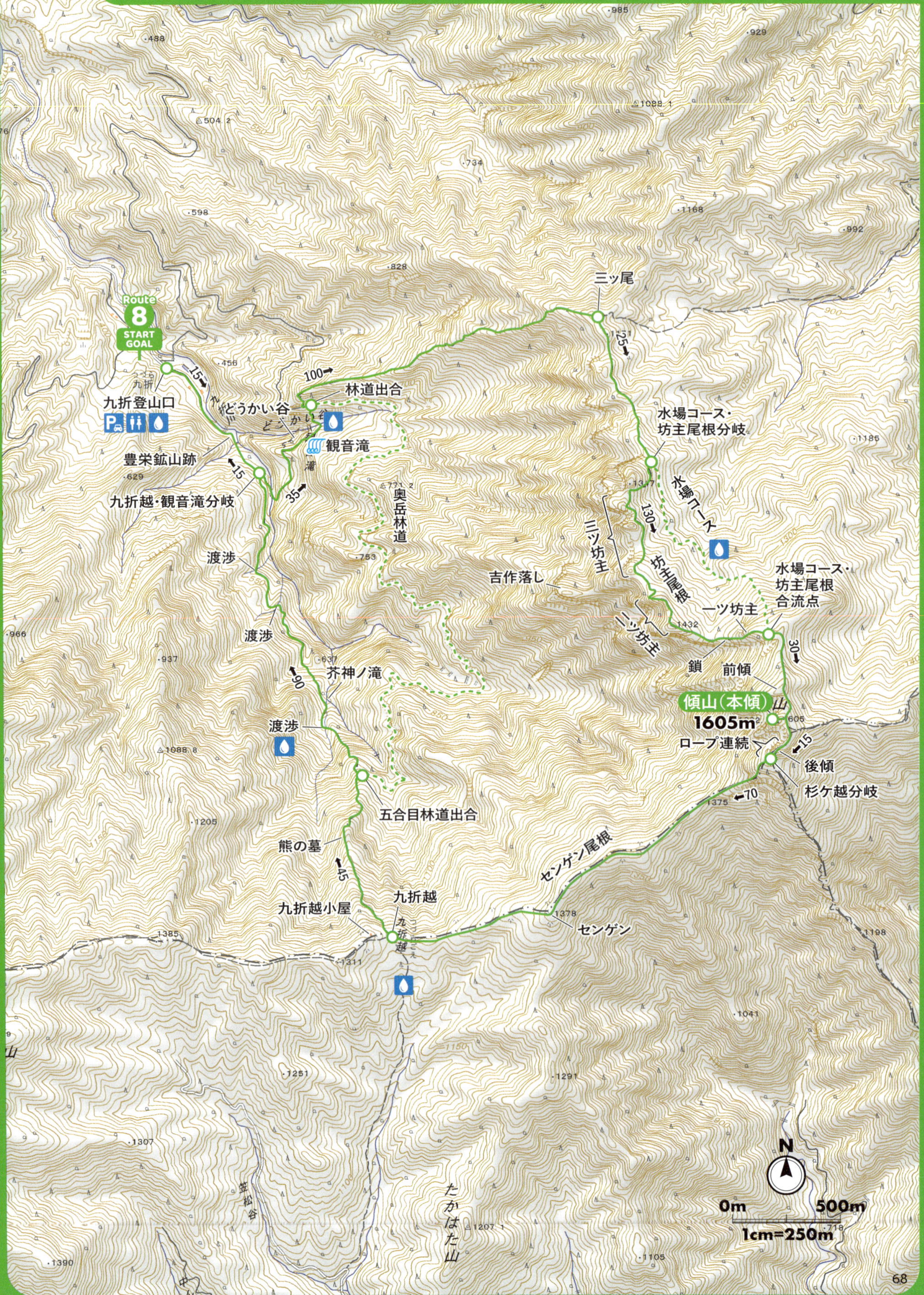

Route 9 黒仁田登山口～九折越～傾山 (p60)

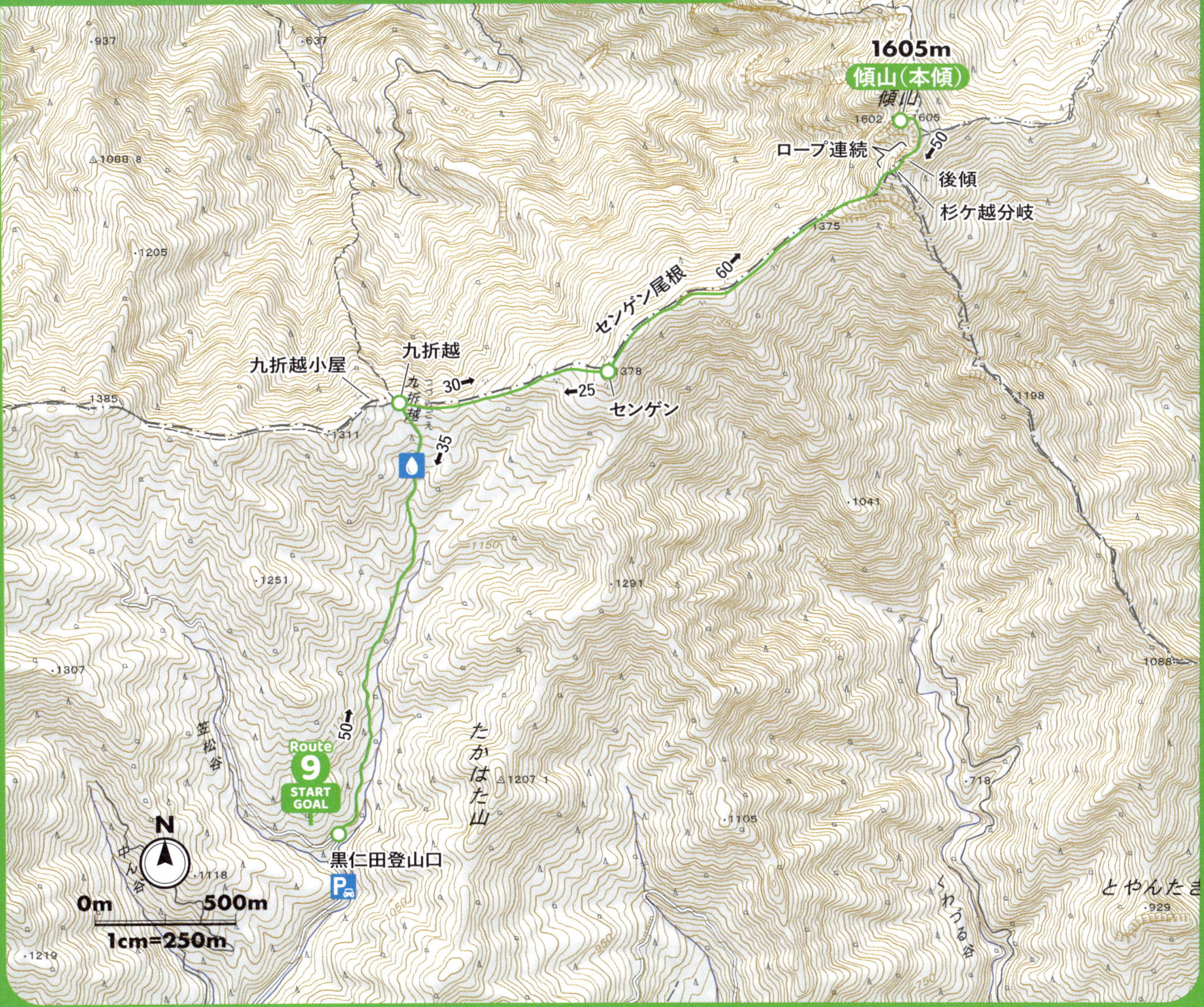

Route 10 西山登山口～ソデ尾～傾山 (p64)

Route 11 九州屈指の難関と至福

上級 杉ケ越登山口〜傾山

「安易な気持ち」禁物

大分と宮崎の県境にある杉ケ越トンネルが発着点。どちらの県側からでも登れるが、宮崎側の登山口には「滑落等の恐れがある危険な箇所があります。実際に死亡事故が発生していますので、安易な気持ちで登山されないよう…」と書かれた看板があり、登る前から身も心も引き締まる。

登山口から杉ケ越に進み、近くの杉圍《すぎかこい》大明神に立ち寄る。ここ数年の災害で被害に遭っているようだ。その名の通り、杉ケ越はスギの大木があった場所らしい。確かに大きな切り株が目につく。中には直径4メートルほどの大きなものも。一説によると、1877年の西南戦争の際、西郷軍の動きを目視するために、政府軍が大きなスギを切り倒したという。もし残っていれば、天然記念物になったかもしれない—そう思うと少し残

登山初心者には酷な話かもしれないが、杉ケ越から傾山へのルート（南稜新道）は、九州屈指の難関コースと言わざるを得ない。その理由は、険しい岩尾根をアルミのはしご16本（2024年5月時点）と固定されたロープ数カ所を頼りに進むから。でも、バランスを崩さないように注意して、時間をかければ決して無理ではない。いつかチャレンジしてほしい。登り終えたときの至福は言い表せない。

南稜新道の後半部にある古いロープのトラバース。岩をよく見て、ゆっくり通過しよう

杉ヶ越にあるスギの切り株。登山者と比べるとその大きさが分かる

念な気がする。

杉園大明神で安全祈願をして、社殿前の道を西へ向かう。この道はかつて木馬道《きんまみち》と呼ばれ、1960年代ごろまで材木を山から里へ下ろすための運搬道として使われたという。木馬道を約500メートル進み、右の尾根道へと登っていく。

はしご16本の〝洗礼〟

緩やかな上りと下りを繰り返し、とやんたき分岐（1088メートル）にたどり着いた。ここは、標高929メートルの「とやんたき」への分岐点でもある。一息つくのにちょうどいい。

ここから岩尾根を下っていく道中、アルミはしごの〝洗礼〟を受けることになる。はしご16本のうち、いま何本目なのかを数えておくと、現在地が分かりやすい。例えば、3本目辺りが障子岩といった具合だ。ただ、数えることに気を取られて安全

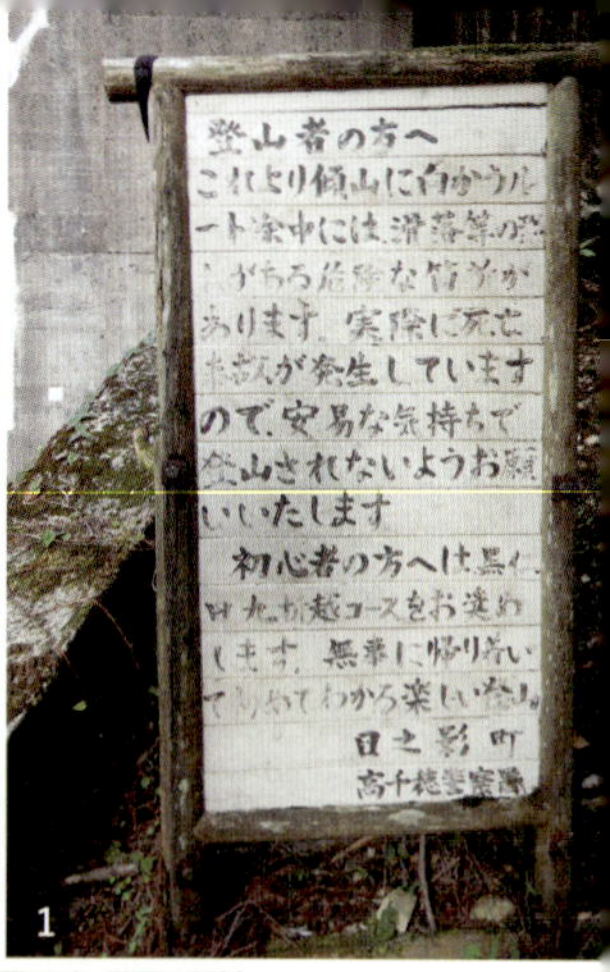

1・杉ヶ越トンネルの登山口にある案内板。しっかり読んで気を引き締めて／2・後傾への登り。祖母傾の縦走路に出ても険しい箇所がある／3・16本あるアルミはしごの11番目／4・ヤマツツジの花が緊張感を和ませてくれる

がおろそかになっては本末転倒。今回は足だけでなく、手も使う登山なので特に集中していこう。

障子岩からは二つつながったはしごを伝って下りる。特に上のはしごから下に移るときは注意が必要だ。この先も木の根や岩の角をつかんで保持したり、固定ロープを伝って横トラバースしたりする難所が続く。杉園大明神と傾山の標高差はわずか660メートルなのに、山登りは数字だけで計れないとあらためて感じる。

道すがら木々の隙間から時折見えていた傾山南面の岩が徐々に間近に迫ってきた。はしごゾーンを終え、ブナが多くなると、道は緩やかになる。後で気づくことになるのだが、ずっと目印にして登ってきた傾山南面の岩は、実は後傾のそれだった。傾山はその少し先。皆さんもご注意ください。

下山は往路を忠実に戻る

とはいえ、傾の山頂はもう近い。数本の固定ロープを伝って、まずは後傾に登る。正面の傾山の雄々しい姿に見とれてしまう。傾山へはいったん鞍部に下りた後、登り返す。山頂に着いたら西端まで行ってほしい。祖母山から続く縦走路が見える。祖母山の右奥には遠く阿蘇山、九重山、由布岳、鶴見岳を望み、南には大崩山群も広がっている。眼下の傾山「二ツ坊主」の岩壁も美しい。

下山には十分時間をかけたいところだ。何より往路を忠実に戻ることが大切。山岳事故は登りより下山するときの方が多い。つまずくだけで滑落につながる。登山口の看板を思い出しながら下りもゆっくり楽しもう。

杉ケ越登山口～傾山

杉ケ越登山口

登山口は、大分、宮崎の県境に位置する杉ケ越トンネルの両側にある。大分方面からは、豊後大野市市街地から国道326号を南下。とどろ入口交差点を右折し県道6号を30分程進むと杉ケ越トンネル。宮崎方面からは、日之影町市街地から県道6号を北上すること1時間で目的地だ。駐車スペースはどちら側も路肩に数台分あるが、交通の妨げにならないよう注意しよう。

山行タイム

杉ケ越登山口～60～とやんたき分岐～40～障子岩～120～杉ケ越分岐～10～後傾～10～傾山（本傾）～10～後傾～10～杉ケ越分岐～100～障子岩～40～とやんたき分岐～60～杉ケ越登山口（合計7時間40分）

Map P.74

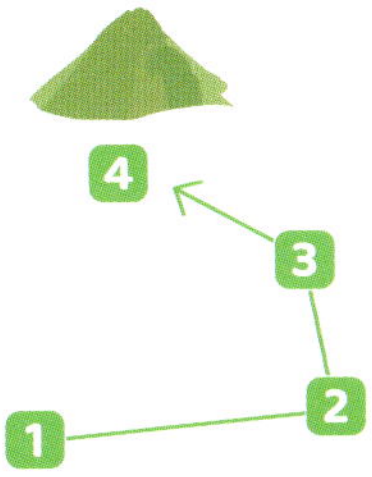

杉園大明神

1 杉ケ越トンネルの上部にある。ここ数年の災害により被害を受けている

とやんたき分岐

2 休憩するにはちょうどよい場所だ。とやんたきへの分岐点となっているので、下山時には間違えないようにしよう

杉ケ越分岐

3 九折越からの縦走路に合流する。ここから最後の急登を経て山頂へ

傾山（本傾）

4 三角点は1602.1メートルだが、傾山の標高は1605メートル。山頂の西端まで行くと、祖母山から続く縦走路が望める

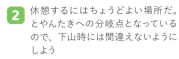

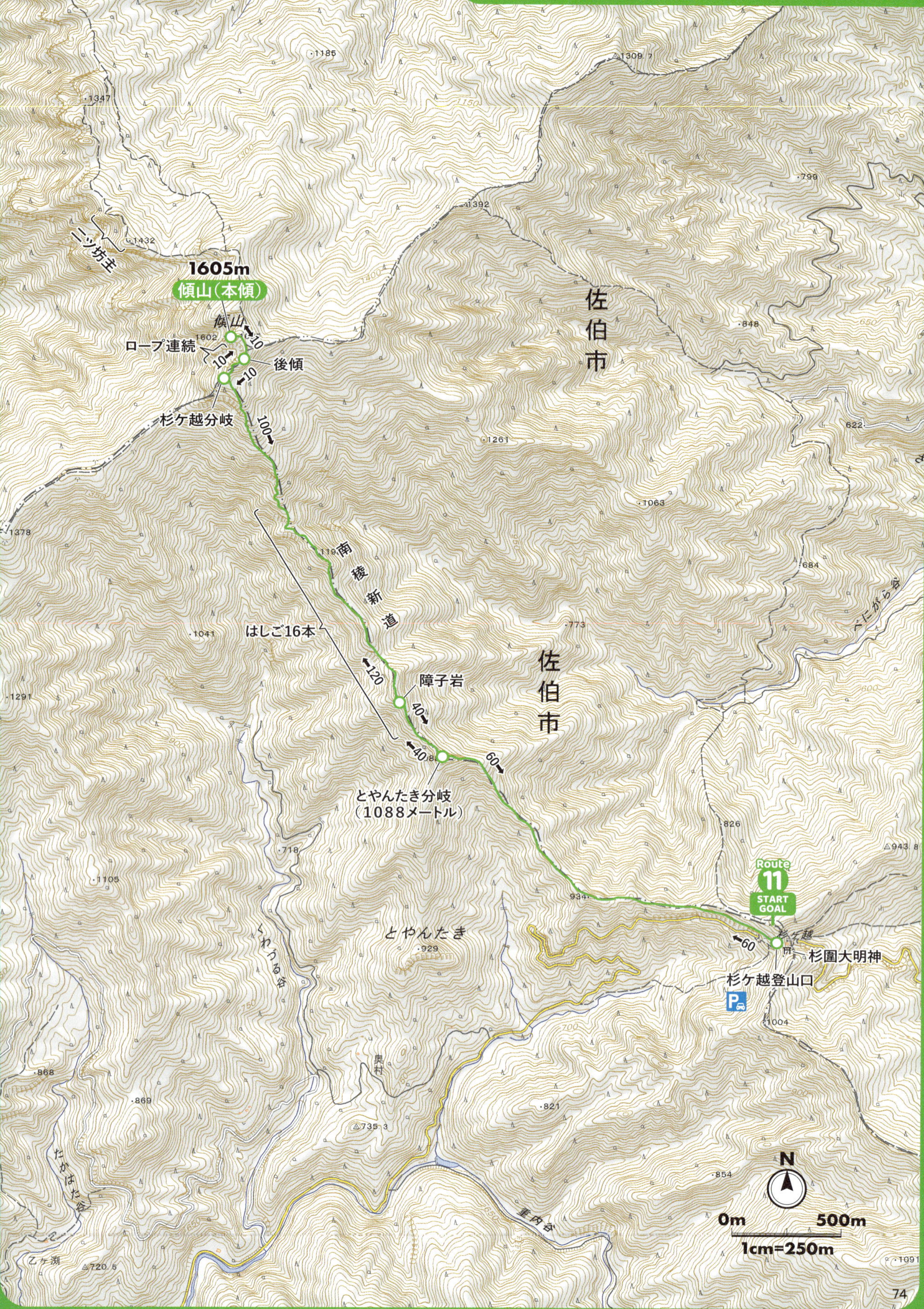
1605m
傾山(本傾)
ロープ連続
後傾
杉ケ越分岐
二ッ坊主
南稜新道
はしご16本
障子岩
とやんたき分岐
(1088メートル)
佐伯市
佐伯市
とやんたき
Route 11
START GOAL
杉園大明神
杉ケ越登山口
10
10
10
100
120
40
40
60
60
N
0m
500m
1cm=250m

チャレンジ

山で太陽を見送り、山で太陽を迎える。
日をまたぐごとに、
自然と自分の境界線が消えていくような感覚になるはずだ。
祖母・傾山系の山小屋に泊まりながら縦走を楽しもう。
初心者にはハードルが高いが、
山登りを重ねていけば決してできない話じゃない。
さあ、一緒に目の前の道を一歩一歩進んで行きましょう。

Route 12

山小屋2泊3日「完全縦走」

上級

九折登山口～傾山～九折越小屋／古祖母山～祖母山～九合目小屋／大障子岩～前障子

山小屋に泊まる安心感

九折《つづら》登山口からまもなく、観音滝の上流を渡る。もし流されたら、落差75メートルの滝つぼにドボン。さすが上級者コースと言われるだけのことはある。

いったん林道に合流し、そこから一気に登って、登って、まだまだ登ると尾根に出る。三ツ坊主・水場の分岐を三ツ坊主の方へ。はしごを使ったり、鎖をつかんだりしながら岩場にへばりついて進む。

最初の傾山の山頂手前はやや迷いやすい。はしごを登る手もあるのだが、安全を考えて巻道を通る。山頂で長居せず、本日泊まる九折越小屋へと急ごう。

思えば、コースに山小屋が点在しているのは本当にありがたい。テント泊は動物の声や風の音で寝付けないこともあるが、山小屋はその点、安心感が全く違う。事実、疲れ果てた初日はリュックを下ろした途端、泥の

「あぁ、まだ山の中にいる」と思える幸せ—。山小屋に泊まりながら、祖母・傾山系を3日間かけて縦走するからこそ味わえる至福がある。紹介するのはルートが完璧な周回になっている「完全縦走」コース。最終日にスタート地点の登山口に戻ってきたとき、あなたは登山者として大きくステップアップしているはず。岳人を目指して、秘境での〝山ごもり〟に挑戦だ！

借景のようにのぞく稜線。山水画のような景色が続く

観音滝上流の渡渉箇所。ポイントを探しながら渡る

祖母山山頂から障子岳を望む

ように眠った。

2日目は一番の長丁場

ゆっくり寝たおかげで体のフル充電ができた。窓の外が白み始めている。もう出発しよう、きょうは今回の縦走で一番の長丁場なのだから。

やわらかな朝の日差しを浴びながら尾平越《おびらごし》まで歩く。縦走しなければあまり通る機会のない、この尾根歩きがとにかく好きだ。紅葉の季節は特にいい。

道すがら、ブナ広場に水場がある。パイプから流れる細い水をたくわえるのを忘れずに。

この先、古祖母山《ふるそぼさん》（1633・1メートル）へと続く尾根からは、祖母山に加え、翌日向かう大障子岩（1451メートル）や前障子（1409・2メートル）の稜線《りょうせん》がくっきりと見える。

古祖母山の山頂からは大崩山系が見渡せる。だが絶景にくぎ付けになってはいられない。明

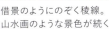

1・祖母山山頂から南に障子岳、古祖母山。縦に連なる縦走路を望めるのがこの道の醍醐味だ／2・坊主尾根の不安定なはしご。怖く感じる箇所もあるが、よく見て足を運べば大丈夫／3・九折越小屋から先は幻想的な木漏れ日の道。なるべく早立ちしたい

るいうちに次の祖母山を踏破しなければいけないのだ。絶景を背に、先を急いだ。

その甲斐あって、夕方には山頂を踏むことができた。2日目の目的地、九合目小屋はちょっと先にある。今は無人の山小屋だが、かつては管理人がいて、登山者を迎えてくれたという。夜はこたつに入って酒を飲んだり、管理人さんと山談議に花を咲かせたり。百名山踏破を目指して遠方から訪れる人も多かったらしい。

最後は車道歩き1時間

泊まりがけの縦走あるあるだが、最終日の朝は安堵《あんど》と寂しさが入り交じった不思議な感覚にとらわれる。名残惜しいのは、これまでの行程が充実していたからだと言い聞かせ、出発する。

まずは八丁越を目指す。この地名は、最も苦しい正念場という意味の「胸突き八丁」に由来

4・金色に輝くブナの森を歩く。池の原周辺は気持ちのいい尾根が続く／5・池の原先の鹿ノ背。注意して進めば見た目ほど怖くはない／6・荷物を下ろして前障子の岩峰を登る。荷物がなければカモシカ並みの足取り

するという。大障子岩はその少し先にあって、上からは素晴らしい景色を拝める。

大障子岩を越えたら、最終ピークの前障子はもうすぐ。岩に取り付いて山頂へ。岩の上に立って、通ってきた道を見渡す。3日間を振り返るには絶好の場所だ。

しばし感慨に浸った後、山道を下っていく。沢の音が聞こえ始め、シカよけネットが見えてきた。上畑登山口はもう近い。ここを縦走のゴールとすることもできるものの、今回は「完全」が目標。スタート地点の九折登山口まで、さらに約1時間、最後の力を振り絞って車道を歩く。

いよいよゴールだ。達成したときの感想？ それはここでは控えておこう。

1日目

九折登山口

大分県豊後大野市の道の駅「原尻の滝」から県道7号を約25分、16キロほど南進。上畑集落に入り、「傾山へ」の標識に従って左折。奥岳川を渡り5分ほどで九折登山口駐車場に着く。15台ほど止められる。登山届ボックスはトイレの横にある

Map P.82

観音滝

1 落差75メートルの観音滝。転落事故多発の看板あり

九折越の水場

2 テント場から黒仁田方面へ10分ほど下った登山道中にある。もし枯れていても、さらに下れば確保できる

九折越小屋

3 トイレはない。簡易トイレを持参しよう

山行タイム 九折登山口〜150〜三ッ尾〜185（坊主尾根経由）〜傾山（本傾）〜75〜九折越小屋泊（合計6時間50分）

坊主尾根
最後の鎖場

危険箇所

今回の縦走で岩場の通過は、1日目の坊主尾根、2日目の祖母山山頂直下、3日目の馬ノ背、鹿ノ背、前障子。岩稜帯の通過も注意を要するが、道迷いによる時間のロスも危険。傾山山頂手前、大障子岩〜前障子間など。おかしいと思ったら突き進まず、必ず戻って前後左右の確認を。疲れがピークに達する各日の終盤は特に注意。傾山下り、祖母山直下のはしご場、前障子下りなど、何でもない場所で転倒しがち。注意箇所は事前にチェックしておこう。

3日目

山行タイム　九合目小屋～ 195 ～八丁越～ 20 ～大障子岩～ 70 ～前障子～ 125 ～上畑登山口～ 60 ～九折登山口（合計7時間50分）

大障子岩先のヤセ尾根

1 尾根をそのまま進みたくなるが、右手に下る。テープあり。このすぐ先にも右へ下る箇所あり。合言葉は「右へ右へ」

黒岩山付近の岩場

2 前障子を越えて巨石群を過ぎ、黒岩山付近の岩場。一瞬、道が途切れたように感じるが、右に回り込むように岩を登ると先に尾根が続く

上畑登山口

3 車道へ出たら左へ下り、バス停の前を通って道標に従い九折登山口へ戻る。あと少し頑張って！

2日目

山行タイム　九折越小屋～ 140 ～本谷山～ 90 ～尾平越～ 110 ～古祖母山～ 90 ～障子岳～ 140 ～祖母山～ 10 ～九合目小屋泊（合計9時間40分）

ブナ広場の水場

1 尾平越の手前、登山道から一番近いブナ広場の水場。南側のシカよけネットの外に出て少し下れば小さな沢がある

古祖母山直下のはしご場

2 お尻がつかえそうな長いはしご場を登ると古祖母山山頂だ

九合目小屋

3 かつては夏に管理人がいたが現在は無人。山頂から近いので日の出を楽しめる

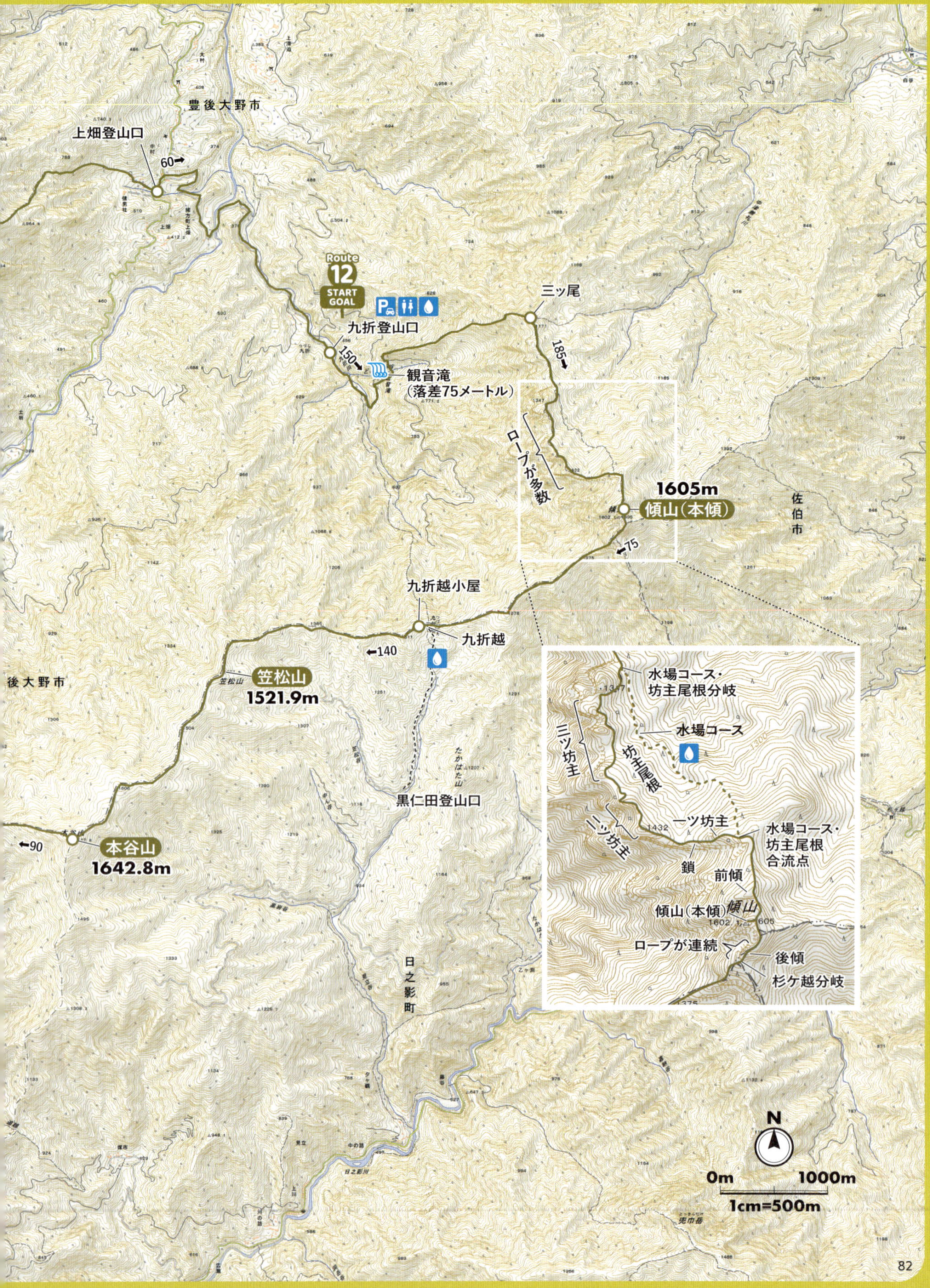
豊後大野市
上畑登山口
60
Route 12
START GOAL
九折登山口
150
観音滝
（落差75メートル）
三ッ尾
185
ロープが多数
1605m
傾山（本傾）
75
佐伯市
九折越小屋
九折越
140
後大野市
笠松山
1521.9m
黒仁田登山口
90
本谷山
1642.8m
日之影町
水場コース・
坊主尾根分岐
水場コース
三ツ坊主
坊主尾根
一ツ坊主
二ツ坊主
水場コース・
坊主尾根
合流点
鎖
前傾
傾山（本傾）
傾山
ロープが連続
後傾
杉ケ越分岐
N
0m
1000m
1cm=500m

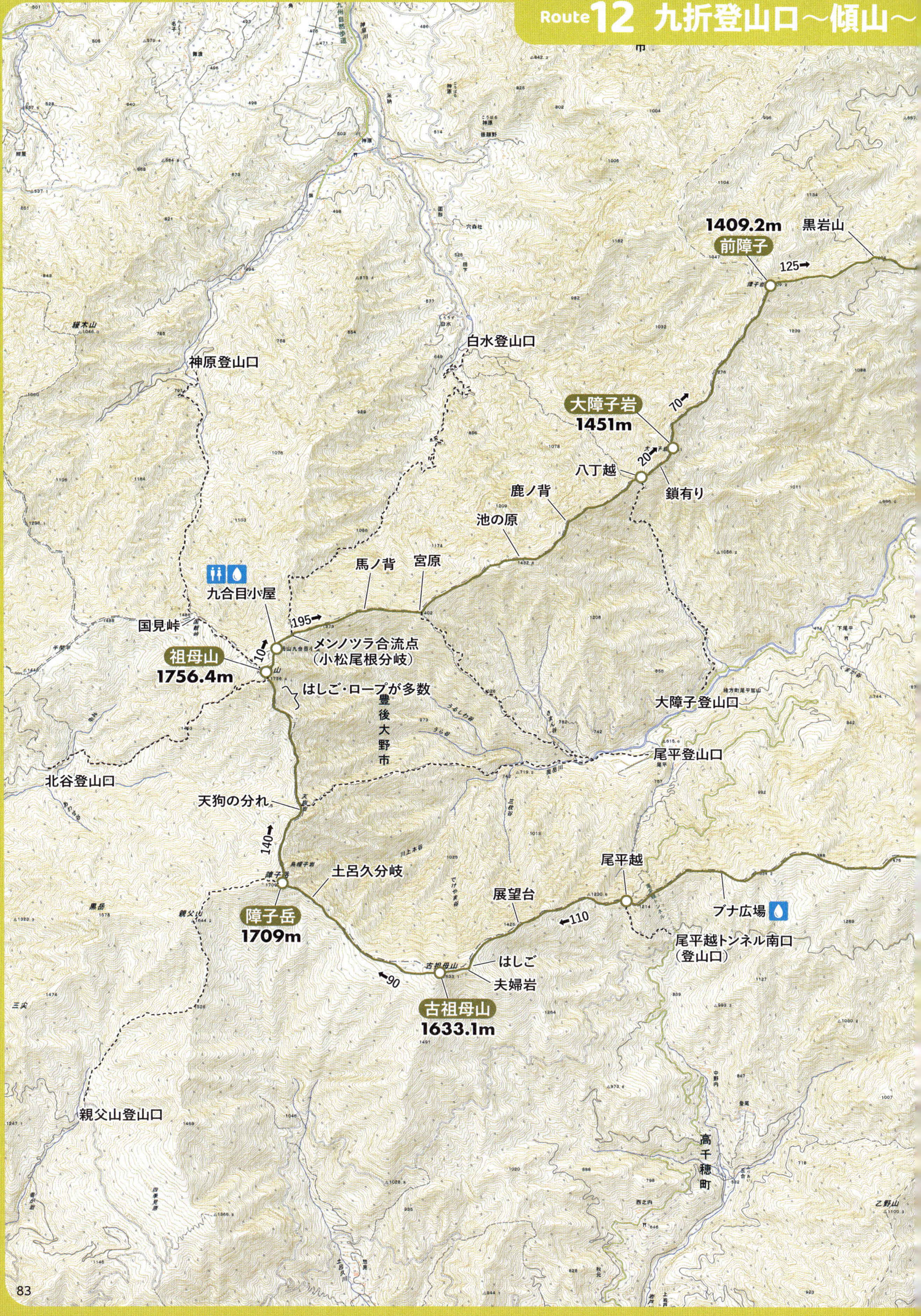
1409.2m
前障子
黒岩山
125➡
白水登山口
神原登山口
大障子岩
1451m
70➡
20➡
八丁越
鎖有り
鹿ノ背
池の原
馬ノ背
宮原
九合目小屋
国見峠
195➡
祖母山
1756.4m
10➡
メンノツラ合流点
（小松尾根分岐）
はしご・ロープが多数
豊後大野市
大障子登山口
尾平登山口
北谷登山口
天狗の分れ
140➡
土呂久分岐
障子岳
1709m
尾平越
展望台
⬅110
ブナ広場
尾平越トンネル南口
（登山口）
はしご
夫婦岩
⬅90
古祖母山
1633.1m
親父山登山口
高千穂町

横向きの巨大な象に見えることからこの呼び名が定着した。
〝頭〟に立った登山者を、小積ダキから眺めるとそのスケールが実感できる

本書の案内人

きょうぞうさん

登山歴40年の大ベテラン。野花を愛でながらゆっくり登るのが信条。

大崩山周辺のルート

九州最後の秘境とも称される大崩山。
天を突くような岩峰を前に、尻込みしてしまう気持ちも分かる。
ただ、一度足を踏み入れると印象はがらりと変わる。
荒々しいイメージが先行する分、かわいらしい花や清流に出合うと
〝ギャップ萌え〟してしまうのだ。
秘境と呼ばれるゆえんは、そんな硬軟織り交ぜた
意外性にあるのかもしれない。

像だ!!

大崩山といえばやはり岩峰。
そのインパクトは写真で伝わるけれど、全体像は分からない。
代表的なパノラマコース（ワク塚尾根〜坊主尾根）を
イラストで俯瞰してみた。　イラスト＝矢野透

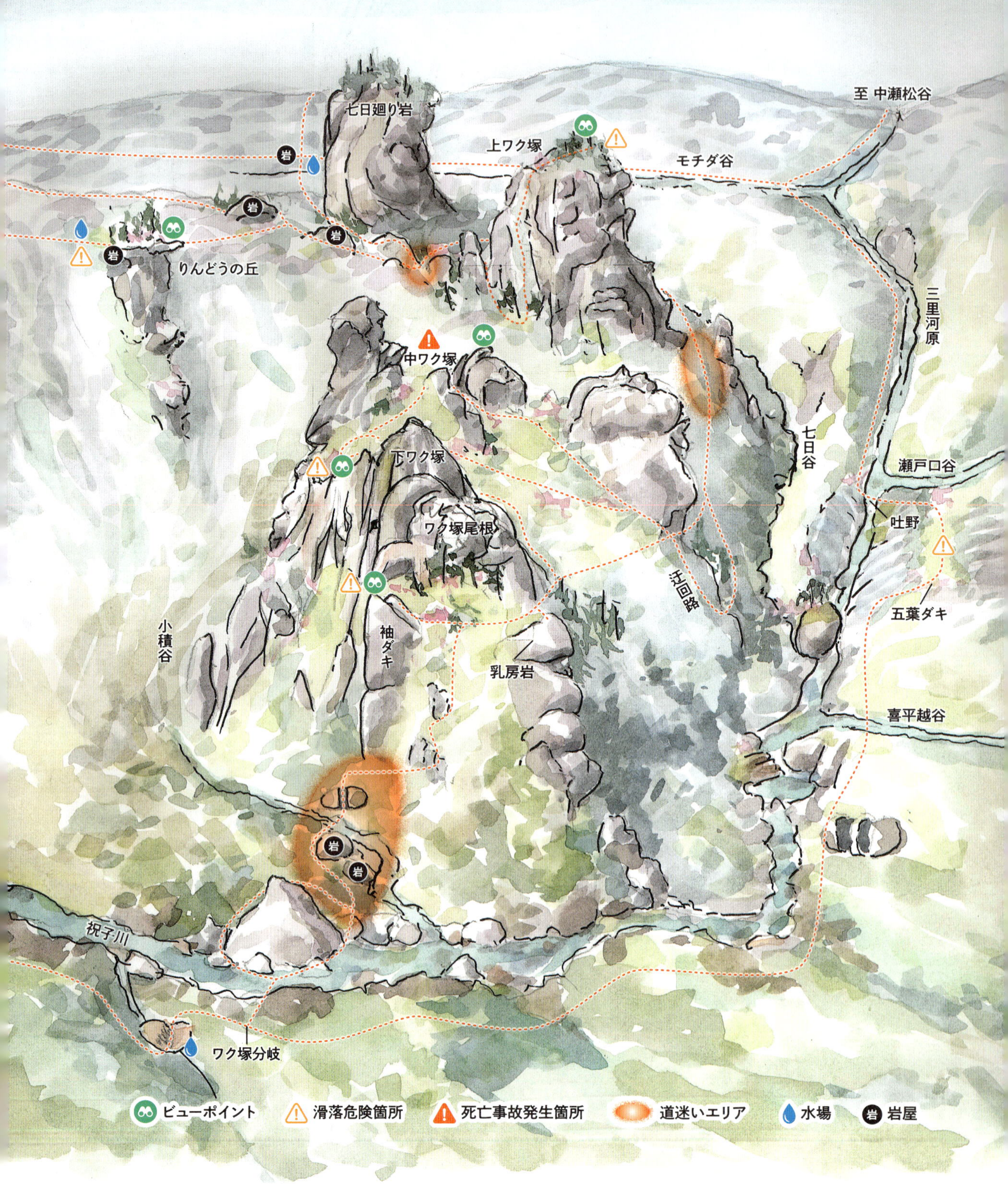

これが大崩山の全体

注：大崩山の全体像を分かりやすく把握するためのイメージ図です。実際の登山道とは異なる部分があります。

Route 13

上級

大崩山（上祝子）登山口～ワク塚尾根～坊主尾根

岩の造形美楽しむ定番ルート

跳べそうな岩を探してジャンプ。丸太などの仮橋が架かっていた頃もあるが、豪雨などで流失したそう

大崩山には、耳なじみのない地名が多い。「ワク塚?」「袖ダキ?」「小積ダキ?」。塚は岩峰、ダキは岩壁を指すようだ。なるほど、巨岩がゴツゴツと突き出たこの山ならではの呼び名だ。そんな塚やダキを堪能できるのが、今回の「パノラマコース」。山頂こそ踏まないものの、大崩らしさを味わえる定番の周回ルートだ。

上ワク塚から見晴らす大原生林（自然林）。左は「七日廻り岩」、奥には鹿納山頂（右端）と大崩山頂をつなぐ細尾根も見渡せ、すがすがしい気持ちに

「塚」「ダキ」てんこ盛り

大崩山（上祝子《かみほうり》）登山口から、大崩山荘を右手に祝子川沿いを進む。およそ50分、ワク塚分岐から河原に下る。川の石を忍者のように跳び移って対岸へ。なかなかのスリルだ。

ワク塚尾根につながる小積谷の森へと入っていく。二つの岩屋を通過し、沢沿いを進む。沢をのぞき込むと底まで見える。透明度の高さに心まで洗われる。

巨岩の隙間を抜け、その先に「テーブル岩」と呼ばれる一枚岩が現れた。ちょっとだけ休憩。ここから袖ダキまでは、標高差300メートルほど。長いロープを伝ったり、はしごを上ったりとややハードな行程だ。

袖ダキはパノラマコースの中でも指折りのビューポイントだ。西に下ワク塚の芸術的な眺めが広がり、南には向かいの坊主尾根に小積ダキがでんと座している。

5段連続のはしごをクリアし、下ワク塚へ向かう。袖ダキで見上げたあの岩峰に、わずか30分ほどでたどり着けるとは。うれしさでテンションが上がる。

次の中ワク塚へは岩尾根を慎重に進む。軽めの岩登りも2カ所ある。さらにその先、上ワク塚へは岩伝いに行きたくなるが、中ワク塚から岩の裏側へ下りて大きく回り込むのが得策だ。安全第一で急がば回れの鉄則に従おう。

鎖やロープを使って上ワク塚のてっぺんに登ってみた。自然林のなかに「七日廻《まわ》り岩」が見える。岩をじっと眺めていると人の笑顔に見えてくる。ここまで約4時間。その表情は、前半戦の健闘を喜んでくれているようにも見える。

1・下ワク塚に立つ／2・坊主尾根の岩尾根を下る。滑りやすいときはしっかりとロープをつかもう／3・若狭の岩屋近くの小沢。底が見えるほど透き通っている／4・二つの岩の隙間を抜ける／5・上ワク塚は右手から岩横を回り込み、鎖とロープの補助で岩を登ろう

登山者を魅了する理由

周回の後半戦は、坊主尾根ルートを通る。山頂には行かないので、りんどうの丘分岐から南東へショートカットするのがおすすめ。標高約1450メートルのトラバースだ。

途中、りんどうの丘に立ち寄った。爽やかな風が吹き、眺めもいい。りんどうの丘をさらに東へ行けば、ワク塚尾根を南側から楽しめる。

坊主尾根ルートはロープやはしごが連続し、想像以上にハードだった。ただ、それにも増して、眺望の素晴らしさ、スリル、達成感をいっぺんに味わえた喜びが大きい。これこそが、大崩山が登山者を引きつけてやまない魅力の正体であり、ここが定番コースと称されるゆえんなのかもしれない。休憩を含む約9時間の山行を終え、そう感じた。

紅葉も楽しみたい！ 三里河原コース

大崩山登山口からのおすすめコースをもう一つ。ワク塚分岐を祝子川沿いに進み、三里河原へと続くコースだ。途中、五葉ダキは紅葉の見どころで、岩との共演がとても美しい。

一帯は、祖母・傾・大崩ユネスコエコパークの核心地域に指定されている。核心とは、自然環境を厳格に保護しなければならない地域のこと。だから人の手が加わっていない大自然がそのまま残っている。

祝子川は、吐野《はきの》辺りから流れが穏やかになる。三里河原の名前の通り、静かな川が延々と続き、サンダルがあれば水の中を歩きたくなるだろう。

水とたわむれ、紅葉を楽しんだら登山口へ引き返そう。山行タイムは約5時間。

Route 13

大崩山（上祝子）登山口～ワク塚尾根～坊主尾根

大崩山（上祝子）登山口

自動車専用道路・延岡道路および北方延岡道路の延岡ICから約33キロ、1時間で登山口。同ICから国道218号に入り松山町交差点で左折。県道207号と交わる交差点を左折し、207号を祝子川沿いに進む。「祝子川温泉美人の湯」から10分少々。約10台分の駐車スペースがある。入山者カウンターも設置。

山行タイム 大崩山（上祝子）登山口～30～大崩山荘～20～ワク塚分岐～95～袖ダキ～35～下ワク塚～20～中ワク塚～35～上ワク塚～20～りんどうの丘～25～小積ダキ分岐～30～米塚（坊主岩）～55～大崩山荘～25～大崩山（上祝子）登山口（合計6時間30分）

Map P.95

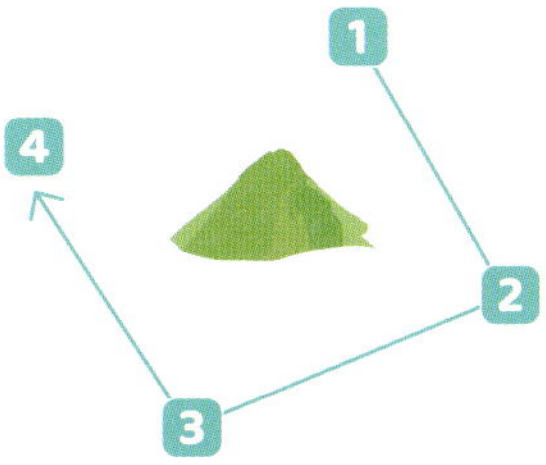

大崩山荘

1 樹林内で夜など暗いときは見落としやすい。無人だがトイレあり

袖ダキ

2 下ワク塚を見上げる。ヒメコマツが雄姿をより一層際立たせる

りんどうの丘分岐

3 バイパス分岐からすぐのりんどうの丘分岐。南東へ進む

小積ダキ

4 東に広がる展望。左は木山内岳、右は桑原山

Route 14

初級

宇土内谷登山口～大崩山

登りやすい「花の道」

このアケボノツツジは正確にはツクシアケボノツツジ。ツツジにしては背が高く樹高6メートルになるものも。満開になると花冠が桜のように広がる

アケボノツツジは見たいけれど、大崩山に登るのは大変そう…。そんなビギナーにおすすめしたいのが宇土内谷ルートだ。希少な群落に出合えるのはもちろん、緩やかで短い距離を歩いて登頂できる。となれば、迷う余地なんてありますか？

登山道に入ると杉林の急な斜面が続く

アケボノツツジの楽園

九州の春山といえば、ミヤマキリシマやシャクナゲなどツツジの仲間たちが主役だ。今回のルートはアケボノツツジの楽園と呼んでも過言ではない。ただ一つ、登山口までの悪路だけが難点。４ＷＤのオフロード車でアクセスするのが無難だろう。

車を止められる宇土内谷登山口から登山道入り口までは約20分の道のり。この間も渓谷にぽつぽつとピンクの花が見え、いや応なく期待は高まる。

ここから尾根取り付きまでは少しきついつづら折りの登山道が続く。この先の花の群生地を思い描きながら頑張ってほしい。

尾根に出ると、ピンク色の花々が出迎えてくれた。歩を進めるごとにその密度は増していき、やがて尾根道の両側を彩る群生へと変わっていく。

頭上に伸びた枝先の花弁が青空に映え、花のトンネルをくぐる格好になる。つぼみは色濃く、花は淡い。この気品こそ、アケボノツツジが「女王」と称される理由だろう。ここはうわさ通りの楽園だ。

わずか2時間で山頂へ

岩峰の鹿納山を遠くに望みながら鹿納山分岐を過ぎる。ブナやウリカエデの間を縫うように歩いていく。傾斜は比較的緩やか。三差路を右手に進めばもう大崩山だ。

登頂まで約2時間。険しく高難度のイメージがある大崩山だが、まさかこんな短時間で踏破できるとは思わなかった。ちなみに山頂手前の石塚からは傾山がくっきり見える。おすすめのビュースポットだ。

宇土内谷登山口〜大崩山 Route 14

宇土内谷登山口

九州中央自動車道・山都通潤橋ICから国道218号を東進。宮崎県日之影町の梁崎バス停そばの交差点を右折し、槙峰大橋の下をくぐり、綱の瀬川沿いに県道214号を北上。未舗装の比叡山林道を進む。

山行タイム

宇土内谷登山口〜 20 〜登山道入り口〜 25 〜尾根取り付き〜 55 〜鹿納山分岐〜 15 〜三差路〜 10 〜大崩山〜 10 〜三差路〜 10 〜鹿納山分岐〜 40 〜尾根取り付き〜 15 〜登山道入り口〜 15 〜宇土内谷登山口
（合計3時間35分）

一等三角点がある大崩山山頂。アケボノツツジが見頃の週末は登山者でにぎわう

1・登山道入り口の手前で、満開のコバノミツバツツジの歓迎を受けた／2・鹿納山分岐手前。ブナやウリカエデの間を進む。右は大崩山頂に続く尾根／3・アケボノツツジの群落を目指して、緩やかな尾根を登る／4・山頂手前の石塚はゆっくりしたいビューポイント。北北西には傾山が見える

Route 13 大崩山（上祝子）登山口〜ワク塚尾根〜坊主尾根 （p88）

Route 14 宇土内谷登山口〜大崩山 （p92）

Route 15

中級

大吹登山口～五葉岳～お姫山～兜巾岳

ブナの古木に会いたくて

（上）その昔、峠を越え鉱山に下る人々を見送ったかもしれないブナの古木。枯れた枝も目につき、樹勢の衰えが気になるところである
（下）春に咲くアケボノツツジも美しい

ブナの三差路――。五葉《ごよう》岳（1569・6メートル）、お姫山（1540メートル）、兜巾《とっきん》岳（1480メートル）を巡る周回ルートには、こんな呼び名の分岐がある。一帯はかつて鉱山で、この分岐を多くの労働者や遊女らが行き交ったという。ブナはさまざまな人間模様を見守ってきたのかもしれない。古木の向こうに見える歴史の一端を追って、山に分け入った。

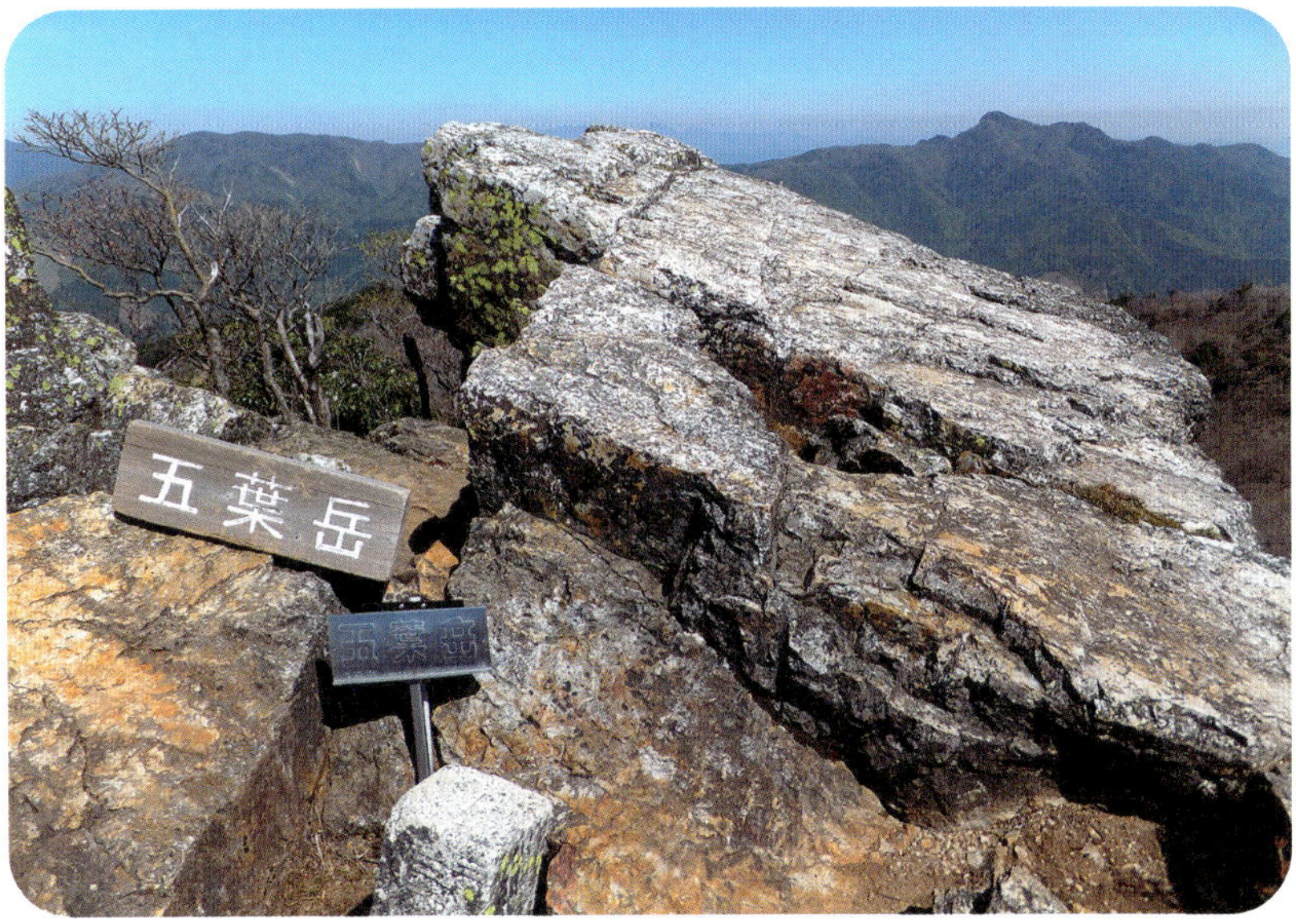
五葉岳

標高1569.6メートルの五葉岳山頂からは傾山、本谷山、祖母山とほぼ360度の展望が広がる。五葉岳は九州百名山の一つに数えられる

時代の移ろいを見つめ

宮崎県延岡市と大分県佐伯市の境界近く、悪路として知られる日隠《ひがくれ》林道を慎重に走行した後、大吹登山口から入山する。

枯れ谷沿いを数分歩くと、分岐に立つ道標が見えてきた。左は五葉岳への最短ルートだが、今回はブナの古木に出会うのが目的なので右へ進路を取り、踏み跡のはっきりしない道をテープを頼りにたどっていく。

比較的緩やかな斜面を過ぎ、急な小尾根へと登っていく。肩で息をしてしまうほどの勾配。序盤の頑張りどころだ。

しばらく行くと、二つ岳の特徴的な双耳峰と、その左に日隠山の頂が見えてきた。ここまで来ればブナの三差路はもうすぐ。このルートの最高標高点1571メートルがその場所だ。

大きく枝を伸ばした何本もの古木が見えてきた。両手を広げ、登山者を歓迎してくれているようだ。根元に腰かけ、かつて大吹鉱山や見立鉱山がにぎわった頃に思いをはせる。

西側にあるお化粧山はその昔、峠を越えてきた遊女たちが鉱山へと下る前に化粧を直した場所だという。当時、このブナの木は道標になっていたそうで、鉱山へ下ってゆく彼女らの背中を静かに見送っていたのだろう。枝が枯れ、樹勢の衰えた今の姿からは時代の移ろいを感じずにはいられない。

昔は
鉱山労働者や
遊女らが行き交った
そうよ

3座縦走、春がおすすめ

ブナの古木に別れを告げ、お姫山へ向かう。ここから山頂へは30分の登り。急斜面を直登する手もあるが、東から回り込むのが無難だろう。山頂は広くは

1・登山道に入ってすぐの分岐。左は五葉岳への最短ルート／2・登山口からブナの古木に至る途中、わずかなテープを頼りに進む／3・ブナの三差路の手前。二つ岳、日隠山が見える／4・奥州屋の分かれ。兜巾岳へ直進する

ないものの、三里河原の谷間などを眺めることができる。

次の五葉岳へは稜線《りょうせん》を下っていく。山頂直下の急登を一気に登り切った先には、360度の大展望が広がっていて爽快だ。ここでルートの6割を踏破したことになる。

息を整え、北へと下り、最後の兜巾岳を目指そう。数分で夏木山との分岐に差しかかる。北西へと進むと、奥州屋ノ尾(大吹登山口)を案内する道しるべに到着。一見、分岐と判別しづらいので、見過ごさないよう注意が必要だ。

この分岐を左に進めば登山口だが、右の尾根を行けば兜巾岳の山頂へ続き、距離はそう長くない。頂からは傾山を望める。

あとは登山口へ戻るのみだ。いったん分岐まで引き返し、西の尾根を下っていく。植林帯をひたすら歩き、いくつか折り返した先で林道に出た。

すぐ登山口が見えてくる。鉱石の産出に沸いた時代からタイムスリップした感覚だ。ここはアケボノツツジ、ヤマシャクヤクなど春の花が美しいコースでもある。次はその時期を狙おう。

大崩山系の地形くっきり

鹿納谷登山口～鹿納山

ブナの三差路の南側に位置する鹿納山(1567メートル)からは、大崩山系の地形が手に取るように分かる。鹿納谷登山口から登ってみた。

登山口から尾根伝いに歩いた先で大崩山からの縦走路と合流し、道標を頼りに北へ進む。

鹿納山の岩の頂は別名「鹿納坊主」。鹿納坊主へは小刻みなアップダウンはあるが、比較的歩きやすい。山頂直下のロープをクリアしたら絶景を拝める。北側から大崩山を眺めると、荒々しさよりも穏やかな印象を受けるから不思議だ。

大吹登山口～五葉岳～お姫山～兜巾岳

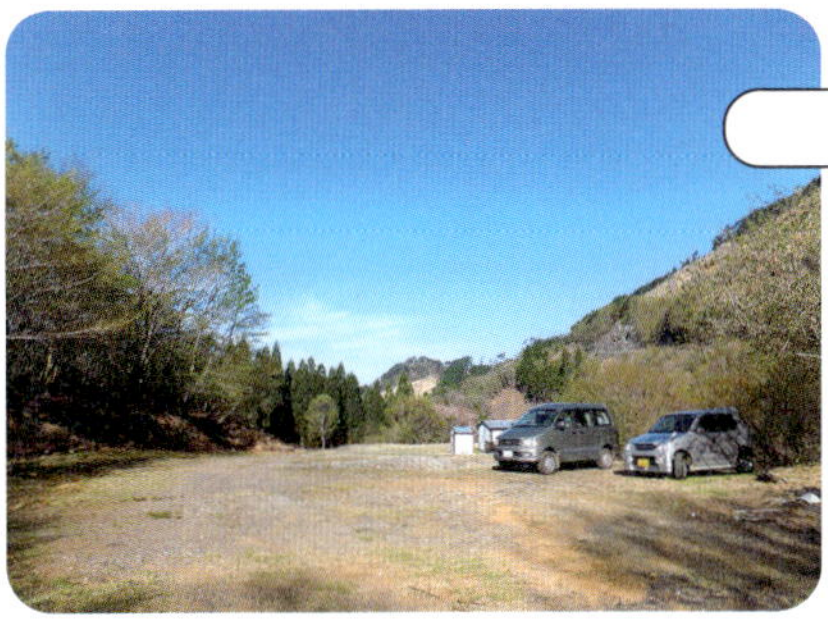

大吹登山口

大分方面からは佐伯市の国道326号ととろ入口から県道6号に入り、杉ケ越トンネルを越え、中村橋まで約50分。中村橋から日隠林道を1時間弱（約11キロ）で大吹登山口に到着。駐車場は十数台駐車可能。簡易なトイレ施設もある。宮崎方面からは日之影町の青雲橋から約25分で中村橋。日隠林道はかなりの悪路なので運転は要注意。できれば車高の高い四輪駆動車が望ましい。

山行タイム 大吹登山口～70～ブナの三差路～30～お姫山～20～五葉岳～30～奥州屋の分かれ～10～兜巾岳～10～奥州屋の分かれ～40～大吹登山口（合計3時間30分）

Map P.104

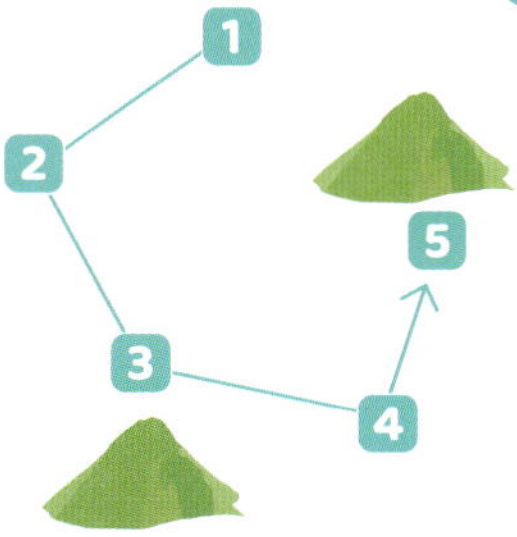

登山道入り口

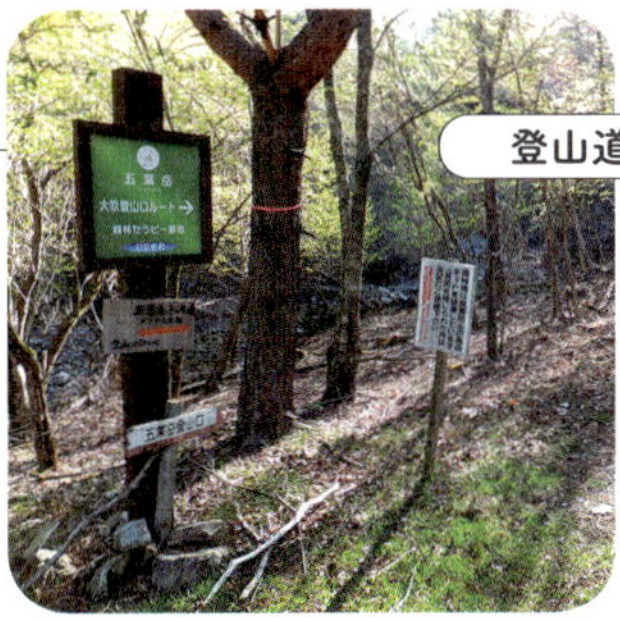

1 登山道入り口には立派な道標があり安心感がある

ブナの三差路

2 ブナの三差路には道標も立っている。南東には鹿納山（鹿納坊主）、大崩山を望む

お姫山

3 ブナの三差路から30分ほど歩くと、鉱山にまつわる伝説も残るお姫山の岩塊の山頂に到着。頂へは東へ回り込んだほうが無難

瀬戸口谷分岐

4 吐野（はきの）への分岐点ともなっている草付きの鞍部。前方に見えるのが五葉岳の山頂

兜巾岳

5 兜巾岳の標高は1480メートルで、山頂は樹林に囲まれており、アケボノツツジ、ツクシシャクナゲもある

16

中級

藤河内渓谷駐車場～木山内岳

涼と爽快感　滝から頂へ

登山口から比較的近い場所にある「おうけつ谷」。
藤河内渓谷を代表する景観の一つだ

暑い季節に訪れたいのが、圧倒的な落差を誇る名瀑《めいばく》・観音滝（落差77メートル）を経由し、木山内《きやまうち》岳（1401・2メートル）に続くコース。九州最後の秘境と称される大崩山系にあってマイナーな印象を受ける山かもしれないが、猛暑と喧騒《けんそう》から逃れるにはうってつけ。藤河内《ふじがわち》渓谷沿いを歩き、山頂からは大崩山の岩峰を眺める。涼と爽快さを求めるなら、ここだ！

以前に比べ、見通しが良くなった木山内岳の頂。右の樹間に大崩山、左に鬼の目山を見る。山頂は平たんかつ広いのでゆっくりできる

観音滝へ 癒やしの山歩き

大分県佐伯市の藤河内渓谷と山頂を往復するコース。発着点には6、7台分の駐車場があり、そこから少し歩くと観音滝の案内標識がある。

遊歩道を進んでいくと、やがて清らかな水流が見えてくる。藤河内渓谷に沿って登山道がつくられているからこそ楽しめる景観だ。

木橋を渡り、沢の流れる音と木漏れ日の中を行く。実に気持ちがいい。ただ、登山道が分かりづらいところや、滑りやすい石の上を歩く箇所があるので気は抜けない。

木橋から1時間ほど歩き、観音滝との分岐に着いた。ここには観音様が祭られている。その穏やかな表情が緊張をほぐしてくれる。急斜面を進めば木山内岳、観音様の奥には観音滝の滝つぼにつながる道がある。ここは滝にちょっと立ち寄ろう。

観音滝は約8キロにわたって続く藤河内渓谷の起点でもある。滝つぼ近くまで下りてみると、水量はそれほど多くないものの、77メートルもの落差があるだけに吹き返してくる気流が心地いい。

周辺は、溶岩やマグマが冷えて固まる際にできる柱状節理と、その岩肌を彩る木々の緑が素晴らしい。息をのむ景色とマイナスイオンのおかげでリフレッシュできた。さぁ、山頂まででもう一踏ん張りだ。

大崩山を望む 大パノラマ

観音様まで戻り、急斜面を木の根や幹につかまりながら一気に登る。巨木が立ち並ぶ森を歩くことおよそ50分。山頂への分かれ道となる喜平越《きひらごし》にたどり着

1・観音様が穏やかな表情で迎えてくれた。手を合わせて滝を見に行こう／2・木橋を渡り、沢の音を聴きながら木漏れ日の道を登っていく／3・観音滝の滝つぼ。吹き抜けていく涼風が心地よい／4・観音様の分岐すぐの急斜。木の根や幹につかまりながら頑張って登っていこう

いた。

喜平越から尾根を南東に進む。約40分、道が平らになったら、そこが山頂だ。天候に恵まれれば、南西に大崩山、標高1491メートルの鬼の目山、北に天神原山《てんじんばる》、東に桑原山《くわばる》を望む。かつてはスズタケに覆われて眺めがいまひとつだったそうだが、今は大パノラマを楽しめる。

下山は往路を戻る。喜平越の先や観音滝上流の急斜を下りる際は、足場がぬれている場合があるので細心の注意を払ってほしい。

宮崎側からも登れるぞ

大崩山登山口

木山内岳には宮崎・大崩山（上祝子）登山口からも登れ、アケボノツツジが咲き誇る春は大勢の人でにぎわう。地形図ではなだらかなルートに見えるが、実際ははしごや岩場など気の抜けない難所がたくさん。ガイドに同行してもらうのがいいだろう。

登山口からは祝子川沿いを歩き、約30分で避難小屋「大崩山荘」に到着する。水場とトイレが整備されている。

この先は岩場をロープで登ったり、木橋を渡ったりと難易度が上がる。ワク塚分岐を過ぎ、沢の音が聞こえてきたら喜平越谷に差しかかる。石がごろごろと転がり、倒木をくぐるなど歩きづらい。

ワク塚分岐から1時間半以上歩いたら、藤河内渓谷駐車場からのルートと合流する。春先であれば、道沿いに咲き乱れるアケボノツツジが山頂まで案内してくれる。

大崩山（上祝子）登山口。林道脇から登山道に入っていく

Route 16

藤河内渓谷駐車場～木山内岳

藤河内渓谷駐車場

国道326号沿いにある道の駅宇目から宮崎方面へ南下。県境にある桑の原トンネルを抜けた先で左折して藤河内渓谷へ向かう。道の駅宇目から藤河内渓谷駐車場までは約30分。正式には藤河内渓谷第一駐車場と呼び、トイレも完備しているが、手洗い場はない。夏季は渓谷を訪れる人が多いので節度を持って利用のこと。

山行タイム 藤河内渓谷駐車場～25～木橋～45～観音滝～50～喜平越～40～木山内岳～30～喜平越～40～観音滝～35～木橋～20～藤河内渓谷駐車場（合計4時間45分）

Map P.105

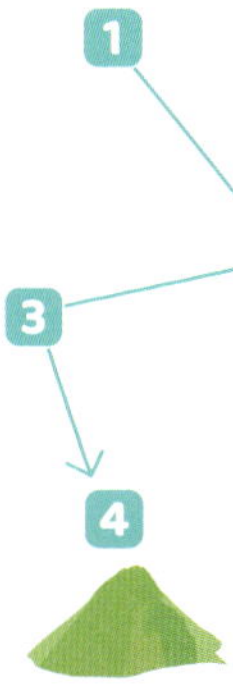

観音滝登山口

1 藤河内渓谷駐車場から200メートルほど車道を進むと「観音滝へ」と書かれた標識がある。ここから山道へ入っていく

渓谷沿いの山道

2 登山口からしばらくは渓谷沿いを歩く。夏木山に源を発する藤河内渓谷は白く巨大な花こう岩上の無数の甌穴（おうけつ）群、透明な美しさをたたえた淵など、見どころ多数

観音滝

3 このルートのなかでも別世界の景観を見せる観音滝。厳冬季には滝全体が氷結することでも知られている

木山内岳

4 木山内岳山頂より。大崩山の核心部の岩峰を一望できる絶好の展望台だ

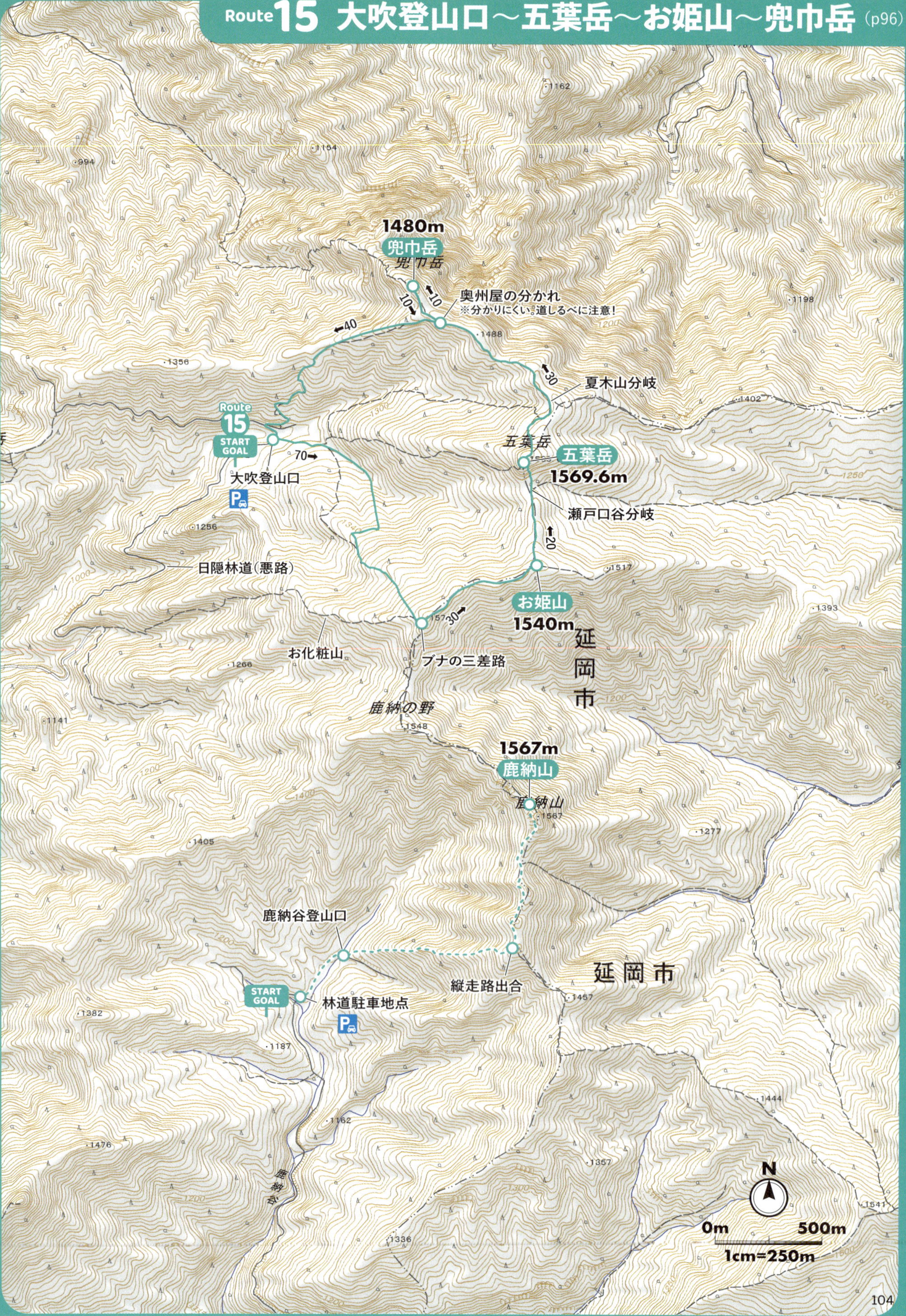
1480m
兜巾岳
奥州屋の分かれ
※分かりにくい。道しるべに注意！
夏木山分岐
Route 15
START GOAL
大吹登山口
五葉岳
1569.6m
瀬戸口谷分岐
日隠林道（悪路）
お姫山
1540m
お化粧山
ブナの三差路
鹿納の野
延岡市
1567m
鹿納山
鹿納谷登山口
START GOAL
林道駐車地点
縦走路出合
延岡市
鹿納谷
0m
500m
1cm=250m

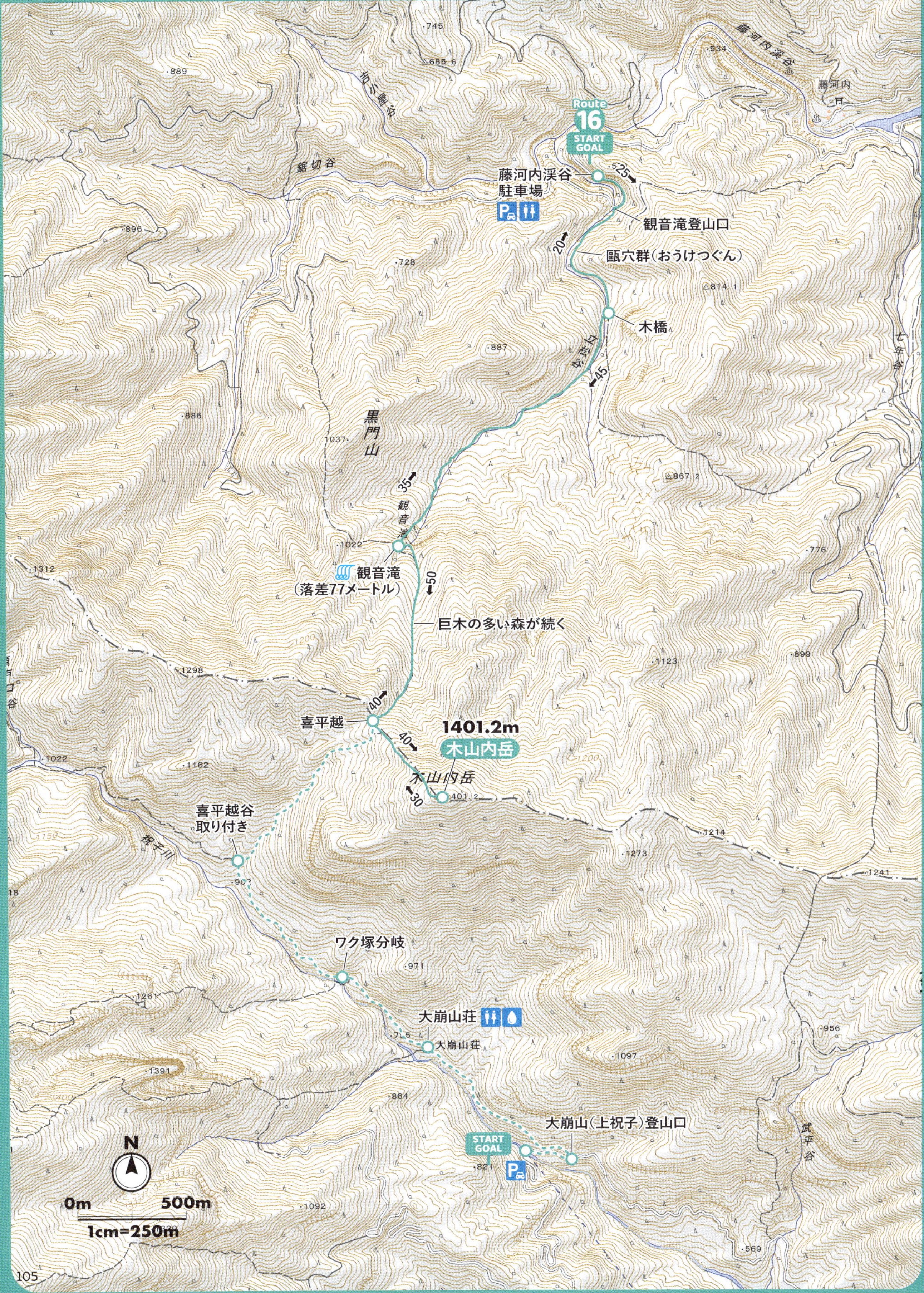
Route 16
START
GOAL
藤河内渓谷
駐車場
観音滝登山口
甌穴群（おうけつぐん）
木橋
黒門山
観音滝
（落差77メートル）
巨木の多い森が続く
喜平越
1401.2m
木山内岳
喜平越谷
取り付き
ワク塚分岐
大崩山荘
大崩山（上祝子）登山口
START
GOAL
藤河内渓谷
藤河内
鍋切谷
七年谷
武平谷
25
20
45
35
50
40
40
30
N
0m
500m
1cm=250m

Route 17

初級　夏木新道登山口〜夏木山

春の花を求めて深山へ

急登途中のアケボノツツジ

九州の春山といえば、ミヤマキリシマを思い浮かべる人が多いかもしれない。確かに代表格ではあるが、双璧をなすのがアケボノツツジ。自生地は標高1000メートル以上の高地に限られ、4月下旬から5月上旬にかけて楽しめる。せっかく山に登るならこの時期を逃したくない。

登山口は大分県佐伯市の藤《ふじ》河内《がわち》渓谷から、さらに林道を車で4〜5キロ走った夏木新道登山口。夏木山山頂までは「頂上まで○○m」と書かれた道標が約100メートルおきに設置されている。

山に入って早々、見上げるような急斜にけおされた。ゆっくりと体を慣らしながら登っていくしかない。傾斜の緩いところや水平な場所もあるとはいえ、基本的に斜度はきつめ。時間に余裕を持った登山計画を立て、

夏木山山頂の一角、西千丈覗付近で見つけた歪曲した幹の先に花をつけたアケボノツツジ

登山デビューするなら、高山植物が花開き、生命力あふれる春がいい。夏木山（1385・8メートル）は、アケボノツツジの名所として知られ、ほかにもコバノミツバツツジやツクシシャクナゲなどが山道を彩る。深山幽谷《しんざんゆうこく》をたどる大変さも、草木が楽しさに変換してくれる。きょうはどんな自然との出合いが待っているのだろう。ほら、ワクワクしてきたでしょ？

船石の上から登ってきた方を振り返ると、アケボノツツジが木々の間にうっすら見えた。アケボノツツジは標高1000メートル以上の高地にしか自生しない

自分のペースを乱さないように心がけたい。

ツクシシャクナゲの大輪を眺めながら登ること約70分、やや開けたアケボノ平に着いた。この先、「船石」まではまだまだ急な登りが続く。木の幹や根をつかみながら急な斜面を登っていく。もちろん、きつい。こんなとき、ふと見上げた先にあるアケボノツツジが力をくれる。苦しさもまた登山の妙味—そんな前向きな気持ちが湧いてくるから不思議だ。

前方に船石が現れた。船石の上に立つと、谷間にアケボノツツジのピンク色が点々と見えた。深山にふさわしい花だなとしみじみ思う。

急斜を終え、なだらかな道を数分進むと、鋸《のこぎり》尾根と夏木山の分岐に差しかかる。左へ約10分歩いたら夏木山の山頂だ。

山頂は開けた広場のようになっていた。リュックを下ろし、切り株に腰かけて息を整える。山頂の一角、西千丈覗《のぞき》付近のアケボノツツジは満開だ。

高地の植物らしいねじ曲がった幹と、ひときわ色の濃い花が実にいい。

帰り道だから気づくことも

今回は小さなピーク「要山《かなめやま》」まで足を延ばすことにした。ピークの少し先、アセビ林を抜けた「要山西」からは鹿納山《かのうやま》など を望める。近くの花々と遠くの山々。この時期に来て本当によかったと思う。

下山は往路を忠実に引き返そう。要山を過ぎ、左側の谷間に目をやると、コバノミツバツツジが咲き誇っていた。行きは気づかなかった光景に、帰り道で出合うと得をした気分になる。

鋸尾根への縦走路と交わる三差路に戻ってきた。往路を外れて大鋸《おおのこ》、小鋸《このこ》の岩峰群を越えるルートもあるが、こちらは健脚・ベテラン登山者向きなので、無理はせず来た道を帰るとしよう。

当然ながら、往路が急な登りだった分、復路は急な下りが多い。雨が降った後は特に滑落の危険が高まるので、気を抜かず慎重に行きたいところだ。

登山口が見えてきた。春の花々や絶景と出合い、たくさんのエネルギーをもらった山行だった。大木の脇や岩陰に咲いた花に自分の生き方を重ねたり、雄大な山並みの先に将来を見たり。山登りを始めるなら、やっぱり春がいい。

1・アケボノ平から船石までは急な登りが続く。木の幹や根につかまりながらの登山は苦しいながらも、山に来ていることを実感できる充実したひと時だ／2・アケボノツツジをはじめ、コバノミツバツツジが美しい山として知られる夏木山／3・道脇にあったアセビの花。こちらもれっきとしたツツジの仲間である

夏木新道登山口〜夏木山

夏木新道登山口

大分県佐伯市の道の駅宇目から国道326号を宮崎方面へ南下。県境にある桑の原トンネルを抜けた先で左折して藤河内渓谷へ向かう。藤河内渓谷を通り過ぎ、しばらく林道を走ると夏木新道登山口に到着。さらにそこから1.4キロほど進むと犬流れ登山口もある。ともに駐車スペースは広くないので、できるだけ配慮の上で駐車を。

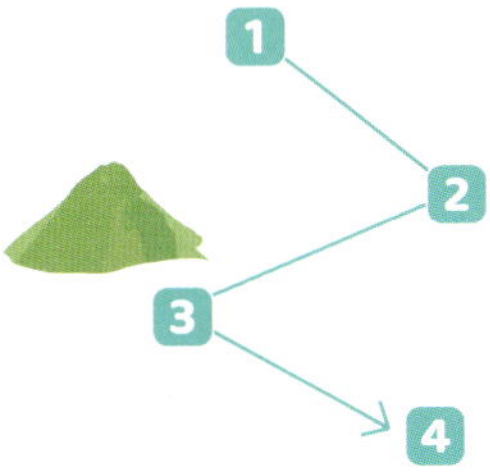

山行タイム 夏木新道登山口〜70〜アケボノ平〜50〜鋸尾根分岐〜10〜夏木山〜5〜要山〜5〜要山西〜5〜要山〜10〜夏木山〜5〜鋸尾根分岐〜40〜アケボノ平〜55〜夏木新道登山口（合計4時間15分）

Map P.114

道標

1 100mおきに「夏木山登山　頂上まで○○m」と書かれた道標。現在地も記されていて安心感がある

鋸尾根分岐

2 難路・鋸尾根への分岐。新百姓山への縦走も可能

夏木山

3 朽ちた切り株を中心に開けた広場のようになっている

4 夏木山山頂から行くことができる要山。木山内岳、桑原山へと続く長大な尾根の出発点だ

要山

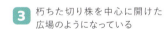

Route 18

中級

鹿川キャンプ場（登山口）～鉾岳

絶景とスリル、隣り合わせ

雌鉾の頂から慎重に下る。スリル満点だが、青い空と大岸壁のコントラストは抜群だ！

登山のスタートとゴールがキャンプ場なので、下山後はバーベキューだって味わえる〝おいしい〟コースだ！　途中、ＳＮＳで話題を呼んだ映えスポットだってある。ただ、決して楽な行程じゃない。急登をロープで上り下りし、川を渡ったり絶壁があったり。一度登った人は「初心者は必ずガイドと一緒に」と注意を促す。そんな絶景とスリルが交錯する鉾岳《ほこだけ》（雄鉾《おんぼこ》・1277メートル）往復ルートへようこそ。

鉾岳展望所は、雌鉾の下部から上部まで全体を見渡すことができる

人気の「パックン岩」登場

登山口である鹿川《ししがわ》キャンプ場から鉾岳を見上げる。武者震いか不安か、少し足が震える。簡易舗装路を少し進み、鉾岳と記された道案内に沿って登山道へ。「鉾岳大明神」で登山の無事と、元気にバーベキューを食べられますようにと祈願。渓谷から立ち上る冷気を感じながら植林帯を抜け、自然林を歩いて行く。傾斜は急になるが、序盤なので苦にならない。

やがて、日本最大級ともいわれる鉾岳・雌鉾《めんぼこ》の大スラブを真下から眺められるビューポイントに。スラブとは凸凹が少ない滑らかな一枚岩のこと。垂直な岩壁にはロッククライミング用のボルトが打ち込まれている。

岩盤の狭い道を抜けると、最初の難関である第1渡渉点に出た。雨量によっては川の水が増えることも。ロープを使って渡ろう。渡り終えてホッとするのもつかの間、難所続きの道を進み、急な斜面の先に分岐が現れる。

右手が歩きやすいメイン登山道、左は鉾立谷の風景を見ながら登る滝見新道。今回は少しハードな滝見新道へ。足場が悪く谷へ転落しそうな箇所もある。こう書くと不安が募るかもしれないが、その先に待つ大滝を一目見れば、豪快に落ちる水とともに不安は流れ去るはず。氷瀑《ひょうばく》を求めて、アイスクライマーもやってくるそうだ。

滝から約5分、ＳＮＳなどで話題の「パックン岩」が出迎えてくれる。岩の形が、大きな口を開けたゲームキャラクター「パックマン」に見えるため、こんな愛称になったとか。映える一枚をぜひ撮ってほしい。

1・大岩壁から谷底へ豪快な水の流れを堪能できる大滝。白糸のようにも見え、しばしの休息感を得られる／2・登山道近くのパックン岩。SNS映えすると若い世代にも話題に／3・希少植物であるツチビノキ。茎の先端に10～20センチの葉を密生させて傘のようなユニークな樹形だ／4・ロープをしっかり握り雌鉾の大岩峰の端にこわごわ到着

天気の悪い日は無理をせず

一休みしたら再び登山道へ。はしごを上り、岩壁をトラバースして進み、第2渡渉点に着く。一枚岩の上を澄み切った水が流れ、心まで洗われる。6月下旬から7月上旬にはこの周辺でしか見られないツチビノキが見頃を迎える。

ここで進路を右に取り、雌鉾と雄鉾が重なって見える鉾岳展望所を目指す。絶景を撮影した後は第2渡渉点に戻る。鬼ノ目林道出合を通り過ぎ、第3渡渉点に着いた。

ここは雌鉾と雄鉾への分岐でもあり、それぞれ山頂まで20分ほど。ただ道はかなり険しい。雌鉾へははしごやロープを使うので、天候が悪いときは無理をしないでほしい。山頂からは鬼の目山（1491・0メートル）を望める。一方、雄鉾へはササやぶをかき分けて進む。頂では雌鉾を見下ろせ、そばの展望所からは釣鐘山や大崩山を見渡せる。

天然杉の穴場 鬼の目山へ

「健脚には自信がある」「どうせならもう一座」というチャレンジャーは、鬼ノ目林道出合を東に進むと鬼の目山につながる。九州本土で唯一、天然杉が見られる山だ。天然杉と言えば、屋久島を思い浮かべるだろう。ここは穴場。鬼ノ目林道出合を起点にすれば、往復約1時間半。ロープやはしごを使う体力を要するオプションだが、その分満足度も高い。

鹿川キャンプ場（登山口）〜鉾岳

鹿川キャンプ場（登山口）

宮崎県延岡市の槇峰大橋から県道214号で北西へ約19キロ、車で40分程度。キャンプ場には約30台分の駐車スペースがある（登山利用のみの場合は210円必要）。トイレは3カ所あり、男女別の所や洋式トイレもあり安心だ。またキャンプ場内にはシャワー（有料）もあり下山後すぐに汗を流せる。

山行タイム

鹿川キャンプ場〜 65 〜第１渡渉点〜 40 〜第２渡渉点〜 20 〜展望所〜 15 〜第２渡渉点〜５〜鬼ノ目林道出合〜 15 〜第３渡渉点〜 20 〜雌鉾〜 20 〜第３渡渉点〜 15 〜鉾岳（雄鉾）〜 15 〜第３渡渉点〜 15 〜鬼ノ目林道出合〜５〜第２渡渉点〜 40 〜第１渡渉点〜 45 〜鹿川キャンプ場（合計５時間35分）

Map P.114

鹿川キャンプ場駐車場

1 鹿川キャンプ場駐車場から「登山道」の道しるべに従って進む

第２渡渉点

2 鉾岳展望所から第２渡渉点に戻り、道しるべに沿って鬼の目山方向を目指す

雌鉾と鉾岳（雄鉾）の分岐

3 雌鉾（岳）と雄鉾（岳）の分岐を示す道しるべ。雌鉾まではしごやロープを使うハードなルートだ

鉾岳（雄鉾）

4 鉾岳（雄鉾）の山頂では雌岳を見下ろすだけ。もう一踏ん張りして展望所まで足を延ばすと大展望が広がり、釣鐘山から日隠山、大崩山まで確認できる

Route17 夏木新道登山口～夏木山 (p106)

Route18 鹿川キャンプ場(登山口)～鉾岳 (p110)

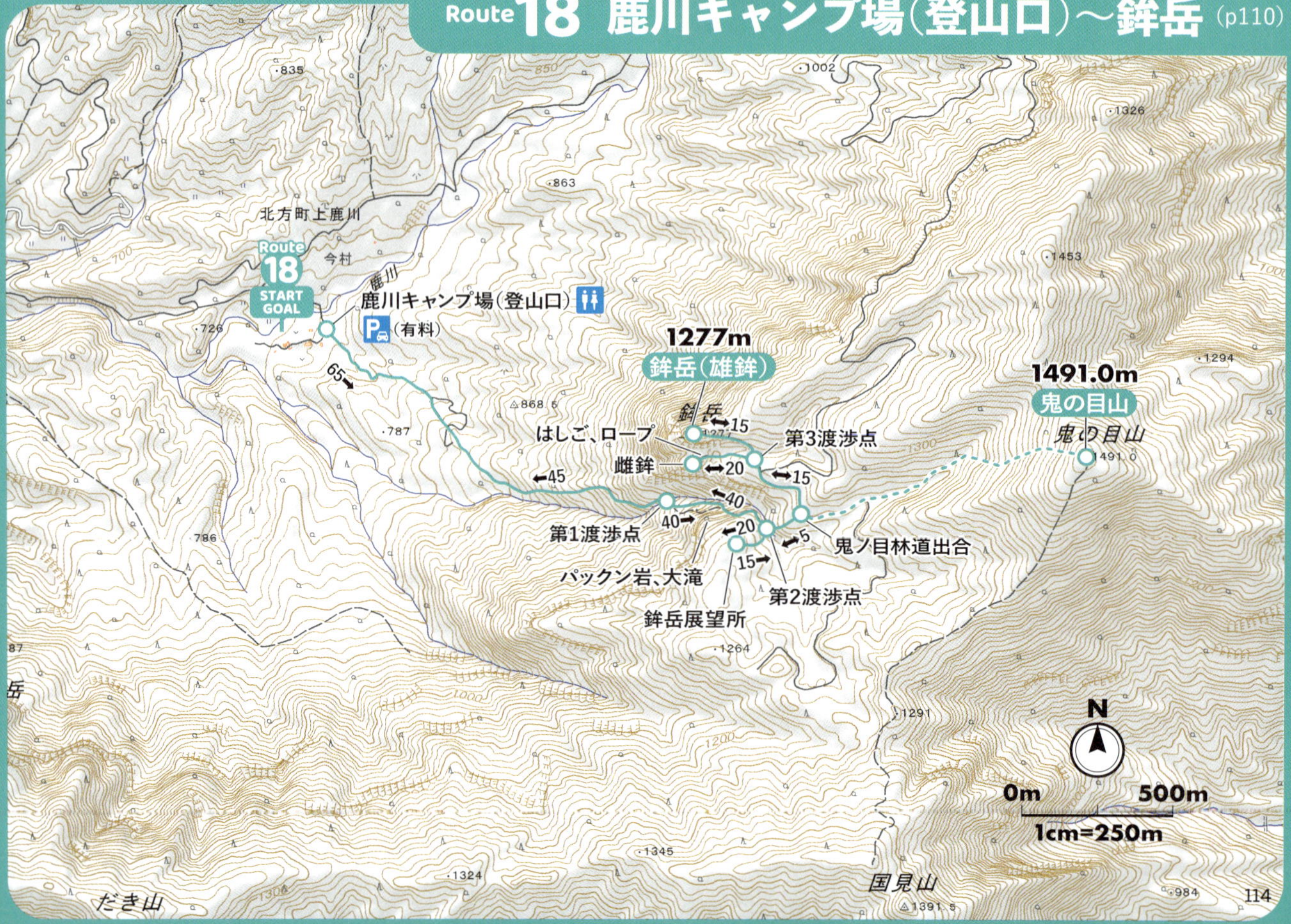

祖母・傾・大崩にまつわる
エトセトラ

ニホンカモシカ、ソボサンショウウオ、ウバタケニンジン…。
一帯は希少種や固有種にあふれ、動植物にとって楽園だ。
一方、麓には名物がずらりと並ぶ道の駅や疲れを癒やす立ち寄り湯も多く、
登山者にとっても楽園そのもの。
安全で楽しい一日を過ごすため、事前準備と計画はくれぐれも入念に。

動物

命の楽園、固有種も

特別天然記念物のニホンカモシカ、固有種のソボサンショウウオなどが生息し、動物にとってまさに楽園だ。かつては山中をクマも闊歩《かっぽ》していたとか。クマとは遭遇したくないものの、幻の生き物たちに出合う機会はあるかもしれない。

コガラ

ニホンカモシカ

九州では絶滅が危惧されていて、この山域でも保護に向けて文化庁などが調査活動に乗り出している。シカの仲間と思われがちだが、分類上はウシ科。目の下ににおい成分を出す眼下腺があり、これを木の幹などにこすりつけて縄張りを主張する。山中で酢のようなにおいがしたら、ひょっとすると近くにいるのかも!?

提供：祖母・傾・大崩ユネスコエコパーク推進協議会

イノシシ

ゴマシジミ

九州では祖母山周辺や阿蘇地域などに生息する希少なチョウ。羽の裏側にゴマのように見える斑点がある。若齢期の幼虫はワレモコウの花や実を食べ、終齢期に達するとアリの巣で過ごすというのも興味深い。

提供：宮崎県高千穂町

ノウサギ

イワメ

アマゴ（大分ではエノハと呼ばれている）が突然変異で無斑型になったと考えられる。九州で見られるのは大分県だけで、祖母山のメンノツラ谷には国内唯一のイワメ単独の生息域もある。

撮影：木村清朗

ムササビ

ヤマガラ

ソボサンショウウオ

ニホンザル

祖母・傾山系の渓流にのみ生息しているとされる幻のサンショウウオ。背面が暗い紫色をしており、2014年に新種として記載された。渓流の石の隙間や林に積もった落ち葉の下などで暮らしている生き物なので、登山途中に出合うことはまずないだろう。

提供：永野昌博

熊本・宮崎の県境に位置する五カ所高原などに生息。宮崎県の希少野生動植物に指定されている。幼虫はツルフジバカマという多年草を食べる。

提供：宮崎県高千穂町

ヒメシロチョウ

コマドリ

ヒメネズミ

ニホンジカ

本当に絶滅？
万が一への備えを

この山域で1987年に捕殺されたのを最後に、九州ではクマは捕まっていない。環境省は2012年、九州での絶滅を宣言し、いないことになっている。

「なっている」と記したのは、以降も目撃証言があるから。「アナグマを見たのでは」という意見の一方、「本州から泳いでくる可能性も」といった声もちらほら。宮崎大学農学部フィールド科学教育研究センターの西脇亜也教授は「熊棚も爪痕も発見されていない。生息している可能性は極めて低いのではないか」と話す。

いずれにせよ、忘れてならないのは、生き物たちのエリアに後から人間が立ち入っているということ。自然を敬い、謙虚さを失わないようにしたい。鈴や笛で自分たちの存在を知らせながら登ろう。それでももし出合ってしまったら静かにゆっくり後退を。

植物

深山に癒やし、希少種の宝庫

山道に咲く花には、観賞用に育てられたそれとはひと味違う癒やしがある。一帯には絶滅の恐れのある希少種が多く、登山者を優しく迎えてくれる。知らないと見過ごしがちな季節の草花たちに会いに出かけてはどうだろう。

ワタナベソウ

ツクシアケボノツツジ

名前のツクシは、九州を意味する「筑紫」に由来するという。その名の通り、九州の登山者にはなじみ深く、4月中旬になると薄紅色の美しい花を求めて歩く人も少なくない。大分県が分布の北限域に当たり、山の岩場で多く見られる。くれぐれも採取したり傷つけたりしないよう心がけたい。

提供：祖母・傾・大崩ユネスコエコパーク推進協議会

オオヤマレンゲ

「森の貴婦人」とも称され、直径5センチほどの丸みを帯びた花びらと、モクレンのような芳香が印象的。6月から祖母山などで観賞することができる。

提供：大分県竹田市

ヒメユリ

沖縄戦の「ひめゆり学徒隊」を思い浮かべる人も多いかもしれないが、直接的なつながりはないという。とはいえ、花のけなげで凜《りん》としたたたずまい、花言葉「誇り」からも相通ずるイメージが立ち上がってくる。一帯は分布域の南限。国内の自生地はどんどん減っている。

提供：宮崎県高千穂町

ヤマシャクヤク

本州、四国、九州と広く分布する野生のシャクヤク。花期は4～5月。不思議なことに、この山域ではニホンジカの食害地域でも自生する数が増えているという。

提供：日本山岳会東九州支部

シキミ

ヒカゲツツジ

その名の通り日陰を好むが、山の岩場や水辺にも自生する。ツツジの仲間では珍しく黄色系の花が咲く。花期は4～5月。

提供：日本山岳会東九州支部

クマガイソウ

独特な形状をした花、扇形で葉脈が放射状に広がった直径10～20センチの葉―。一度見たら忘れないインパクトがあるが、開発や採取の影響で全国的に急激に分布域が狭まっている。明るい林などで見られ、4～5月に花が咲く。

提供：宮崎県高千穂町

キレンゲショウマ

5枚の黄色の花びらをうつむき加減に開く姿がなんとも愛らしく、宮尾登美子の小説「天涯の花」の題材にもなっている。国内の自生地は少ないものの、九州では祖母・傾・大崩を中心とする山域で見ることができる。環境省レッドリストの絶滅危惧II類に指定されている。

撮影：高山幹弘

ウバタケニンジン

植物学者の牧野富太郎氏が祖母山で見つけ、名付けた。漢字で「姥岳人参」と書き、姥岳は祖母山のもう一つの呼び名という。茎から枝分かれした先に直径4～8センチの白い小さな花を複数付ける。時期は7～9月。四国と九州に分布し、絶滅が危惧されている。

提供：大分県竹田市

シマサクラガンピ

九州の山地の岩上や崖で見られる。サクラに似た樹皮が特徴的な高さ2メートルほどの落葉低木。7月から8月にかけて、枝の先に穂状の小さな花々を付ける。山地の開発などで希少種となっている。

提供：祖母・傾・大崩ユネスコエコパーク推進協議会

ツバキ

祖母山 傾山 エリア

人気のスイートポテト
みえ

大分県豊後大野市の国道326号沿いに位置し、宮崎県方面へ向かう起点でもある。高台にあり、「江内戸《えないど》の景《けい》」と呼ばれる絶景が広がる。豊かな穀倉地帯を流れる大野川も望める。

物産館には地域の新鮮な野菜や特産品が並び、地元のサツマイモを使ったスイートポテト「江内戸ポテト」が大人気。テイクアウトコーナーを含む5店舗が軒を連ね、里芋の親芋コロッケを使った「おやコロバーガー」がドライブのお供にピッタリ。

ドッグランや子ども向けの遊具がある広場もあり、食事や買い物以外でものんびり過ごせそう。隣接する農地ではイチゴ狩りもできる。

☎0974(24)0010

高い糖度の桃に行列も
きよかわ

イチオシは高糖度の桃「クリーンピーチ」だ。6月中旬から7月末の旬の時期には連日買い求める人の行列ができる。クリーンピーチを使ったジュースやソフトクリーム、ブッセなども人気。隣接の「豊後大野市神楽会館」では毎月神楽や獅子舞などの伝統芸能も楽しめる。

☎0974(35)2117

映えるスイーツが登場
おおの

2005年のオープン以来、大分県豊後大野市の大野町産にこだわる。最近は名産のサツマイモを贅沢に使ったスイーツ「うちかたいもばっかじゃけん」が、ユニークな商品名&写真映えで若い世代に人気だ。レストランでは県特産地鶏「豊のしゃも」を使った親子丼などを楽しめる。

☎0974(34)3231

滝を見下ろせる好立地
原尻の滝

「東洋のナイアガラ」と呼ばれる原尻の滝を見下ろせる恵まれた立地。春にはチューリップフェスタが開かれ、100種50万本以上が咲き誇る。レストランでは「おおいた和牛陶板焼き定食」のほか、地元のシイタケを使った「椎茸《しいたけ》シューマイ」の定食も好評だ。

☎0974(42)4140

お土産に焼酎はいかが
あさじ

地元青年部が開発した御膳米焼酎「あさぢ」がお酒好きな方へのお土産にピッタリ。「豊後朝地牛」を使った丼のほか、シイタケの天ぷらが付いてくる定食などがレストランのヒット商品。暑い時期は「山ぶどうソフトクリーム」がすっきりとした味わいで喉を潤してくれる。

☎0974(64)1210

神楽面のモニュメント

高千穂

日本神話ゆかりの地である宮崎県高千穂町の中心にあり、神都高千穂大橋や高千穂峡を一望できる。神楽のお面をモチーフにしたモニュメントが目印で、記念撮影をする人も多いそうだ。レストランのコロッケバーガーやチキン南蛮丼、物産館の木工竹製品などが名物だ。

☎0982(72)9123

季節限定いちごソフト

竹田

観光客から地元の人まで幅広く愛されている。12〜5月は隣接する畑でイチゴ狩りができ、その時期限定の「いちごソフトクリーム」を目当てにやって来るお客さんも多いそうだ。レストランでは豊後牛ハンバーグ定食や野菜カレーなどを味わえる。

☎0974(66)3553

大崩山 エリア

「生しらす丼」をどうぞ

北川はゆま

東九州自動車道北川ICと国道10号の結束点にあり、高速道路のサービスエリアとしても使える。大きくてユニークな馬の看板が入り口で迎えてくれる。

レストランには「生しらす丼」や宮崎・延岡発祥のチキン南蛮を堪能できる定食が並び、宮崎牛を使ったメニューも充実している。常連客の間では冬季限定の「しいたけカレー」も人気だ。

物産館の1番人気はさっぱりジューシー、サクサク食感の「月の塩唐揚げ」。夕飯のおかずやドライブのお供にも。延岡学園高の生徒がプロデュースした「のべがくプリン」はクリーミーで濃厚な味わいが好評で、観光客だけでなく地元の人からも愛されている。

☎0982(24)6006

木の香り漂う施設

青雲橋

高さ137メートルの「青雲橋」を下から眺められる。木材をふんだんに使っているので、木の香りが疲れを癒やしてくれる。レストランではチキン南蛮や「特製しし丼」、物産館ではゆずこしょうや竹細工などが人気。

☎0982(87)2491

四季折々の果物どうぞ

北方よっちみろ屋

果樹生産が盛んな宮崎県・北方町にあり、春は山菜やお茶、夏は早生桃やブドウ、秋は栗や次郎柿、冬は自然薯《じねんじょ》やミカンとそれぞれの季節で販売している物が大きく異なり何度行っても楽しめる。「ちよひめ桃」の果汁と果肉をたっぷり使った「ちよひめアイス」が好評だ。

☎0982(48)0808

祖母山エリア

神楽にちなんだ大浴場
天岩戸の湯

古事記などにも記された天岩戸神社を望む高台にある。優しい肌触りのお湯で、神経痛や関節痛、胃腸痛などに効き目があるという。手力雄《たぢからお》の湯や鈿女《うずめ》の湯など、神楽にちなんだ大浴場がある。２０２１年にリニューアルし、電気風呂を設置し、サウナ室を広げた。風呂上がりにはゆっくりとくつろげる休憩所も。

３月中旬には駐車場付近の約30本の桜が咲き誇り、花見と入浴が楽しめる。

中学生以上５００円、70歳以上と障害者４００円、小学生３００円。営業は午前10時～午後10時（受け付けは午後９時半まで。休館日は水曜日）。

☎０９８２（74）８２８８

傾山エリア

ヒノキの香でくつろぐ
木浦名水館 唄げんかの湯

浴槽に使われているヒノキの香りを楽しみながら、ゆっくりくつろげる。ひとっ風呂浴びた後は、館内のレストランで「しいたけめし定食」や「だんご汁定食」といった郷土料理を食べるのもおすすめ。

大人５３０円、小学生以下３１０円。営業は午前10時～午後７時（11～３月は午後６時まで。休館日は水曜日）。

☎０９７２（55）４１５４

大崩山エリア

駅舎改装の多機能施設 日之影温泉駅

旧高千穂鉄道の駅舎を改装したユニークな温泉。大浴場や露天風呂、スーパージェットバス、サウナを完備するなど本格的だ。

大人600円、中学生400円、小学生300円。入浴は正午～午後8時半受け付け(午後9時閉館。休館日は月曜日。ただし祝日の場合は営業)。

☎0982(87)2690

大崩山エリア

渓谷とキャンプ場そば 藤河内湯ーとぴあ

大分県佐伯市に二つある温泉の一つ。雄大な藤河内渓谷を眺めながら汗を流せる。冬は薪《まき》ストーブがたかれ、冷えた体をさらに温めてくれる。隣接のキャンプ場から利用する人も多い。

大人530円、小人310円。営業は午前10時半～午後5時（休館日は木曜日）。

☎0972（54）3938

立ち寄り湯

祖母山エリア	荻の里温泉	大分県竹田市荻町新藤1131	0974-64-9595
	竹田温泉花水月	大分県竹田市会々2250－1	0974-64-1126
大崩山エリア	祝子川温泉美人の湯	宮崎県延岡市北川町川内名10358－10	0982-23-3080

祖母山エリア

宮崎牛を味わえる老舗

高千穂 旅館大和屋

夕食には全てのプランに宮崎牛が付き、鉄板焼きやステーキ、しゃぶしゃぶなどを味わえる。また山菜や川魚を使った料理も堪能でき、グルメにはたまらない旅館だ。

創業100年を超える老舗旅館。5代目店主と女将《おかみ》が温かく迎え入れてくれるアットホームな雰囲気はそのままに、2023年には全室を和洋室にしたり、大浴場を新設したりと大きく生まれ変わった。高千穂神社や高千穂峡にも近く、観光にも便利。同神社では毎日夜神楽があり、非日常の空間を楽しめる。

旅行サイトで「宮崎県No.1」などを多数受賞し、幅広い世代に愛されている。

☎0982（72）2243

祖母山エリア

星空の下で「ととのう」

四季見原すこやかの森キャンプ場

標高1200メートルと九州で一番高い場所にあるキャンプ場。昼は1000メートル級の山並み、夜は一面に広がる星空をひとり占めできる。ローラースライダーやアスレチック場などの遊び場のほか、2023年には宮崎県産の杉を使ったサウナが登場。子どもが遊んでいる間に、大人は「ととのう」体験をできそうだ。

☎0982（82）2151

祖母山エリア

登山客にピッタリの宿

トラベルイン吉富

くじゅう、祖母山、阿蘇山の真ん中に位置する登山客にピッタリの宿。登山歴50年以上の社長をはじめ、スタッフにも山やキャンプ好きが多く、登山前にはアドバイスをもらえ、登山後には思い出話に花が咲きそう。屋上にテントを張れるエリアを設けるなど、アウトドア初心者でも楽しめる。併設した民芸茶屋では竹田田楽などの郷土料理を味わえる。

☎0974（62）3185

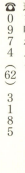

大崩山エリア

ケビンあり道の駅あり

うめキャンプ村 そらのほとり

「湖のほとりの、空へ広がる空間」が名前の由来で、思い思いの時間をゆっくりと過ごせる。広大な敷地に計60のオートサイトとフリーサイトが並ぶ。ケビンも17棟あり、テントを張るのが苦手な初心者でも安心して宿泊できる。温水洗浄便座付きトイレを完備。道の駅に隣接しているので買い出しやお土産を買うのに重宝しそう。

☎0972（54）3088

宿泊

祖母山エリア	春芽	宮崎県西臼杵郡高千穂町三田井328－1	0982-72-3325
	ホテル グレイトフル高千穂	宮崎県西臼杵郡高千穂町三田井1352－1	0982-72-4111
	今國旅館	宮崎県西臼杵郡高千穂町三田井803－4	0982-72-2175
	旅情苑 やまざと	宮崎県西臼杵郡高千穂町三田井729－44	0982-72-2757
	旅館千寿	宮崎県西臼杵郡高千穂町三田井1148－24	0982-72-2429
	宿やすひら	宮崎県西臼杵郡高千穂町三田井818－4	0982-72-4884
	宿 かりぼし	宮崎県西臼杵郡高千穂町三田井1073－3	0982-72-2681
	高千穂 離れの宿 神隠れ	宮崎県西臼杵郡高千穂町三田井1120－5	0982-72-2111
	民宿 国見ケ丘	宮崎県西臼杵郡高千穂町押方946－2	0982-72-3859
	貸別荘 高千穂峡	宮崎県西臼杵郡高千穂町押方1248－2	0982-72-4167
	国民宿舎 ホテル高千穂	宮崎県西臼杵郡高千穂町三田井1037－4	0982-72-3255
	高千穂 B&B浮き雲	宮崎県西臼杵郡高千穂町三田井983－7	0982-82-2703
	雲海の宿 千木	宮崎県西臼杵郡高千穂町押方404－6	0982-72-2821
	ホテル つちや	大分県竹田市竹田1998	0974-63-3322
	御宿割烹 一竹	大分県竹田市会々2266－4	0974-63-2138
	里の旅リゾート ロッジきよかわ	大分県豊後大野市清川町宇田枝158	0974-35-3601
	ホテルますの井	大分県豊後大野市三重町市場95	0974-22-1050
傾山エリア	民宿 河鹿荘	宮崎県西臼杵郡日之影町見立2052	0982-89-1112
	かもしかの森ケビン村	宮崎県西臼杵郡日之影町見立2234－2	0982-89-1220
	大崩の茶屋	宮崎県延岡市北川町川内名10504	0982-20-1161
	民宿 天和（てんほう）	宮崎県西臼杵郡高千穂町岩戸76－8	0982-82-2822
大崩山エリア	スカイロッジ銀河村	宮崎県東臼杵郡美郷町北郷宇納間7527－17	0982-62-6006
	ホタルの里 休暇村ホタルの宿	宮崎県延岡市北川町川内名7330	0982-24-6022
	祖母山麓体験交流施設 あ祖母学舎	大分県竹田市神原13	0974-67-2121

キャンプ場

祖母山エリア	歌瀬キャンプ場	熊本県上益城郡山都町菅尾1344－1	0967-83-0554
	仲山城跡キャンプ場	宮崎県西臼杵郡高千穂町向山440－1	090-3070-2274
	陽目の里キャンピングパーク	大分県竹田市荻町陽目371	0974-68-2210
	オートキャンプ場in高千穂	宮崎県西臼杵郡高千穂町三田井3121－2	0982-82-2351
	あ祖母学舎キャンプ場 TEN-BA	大分県竹田市神原13	090-3735-3251
傾山エリア	中岳キャンプ場	大分県佐伯市宇目南田原中岳	0972-52-1111
	リバーパーク犬飼 キャンプ場	大分県豊後大野市犬飼町田原714－33	097-578-1189
大崩山エリア	鹿川キャンプ場	宮崎県延岡市北方町上鹿川申986－45	0982-48-0864
	藤河内渓谷キャンプ場	大分県佐伯市宇目木浦内藤河内	0972-54-3938
	祝子川キャンプ場・コテージ大崩	宮崎県延岡市北川町川内名10825－5	080-5816-6290
	日之影キャンプ村	宮崎県西臼杵郡日之影町七折6164	0982-87-2820

YO! Check! 出発前に 登山のイロハ

登山はリスクを伴います。それでも楽しめるようにするには、事前準備と計画が重要です。荒天や転倒など予想外のアクシデントに遭った際、対処できる知識や技術も求められます。無事に下山し「楽しかった」と言えるように、以下の注意点をチェックしよう！

計画

登りたい山を決めたら、どの登山口からどのルートで歩くかを、ガイドブックや信頼できるインターネットサイトなどで情報収集しましょう。コースタイムは標準的な時間です。自分の体力に自信がなければ、何割増しかの時間で計算しよう。下山時刻は15時（遅くとも16時）までを目標にし、逆算して登山開始時間を決めるように。「この分岐点に何時までに着けなかったら山頂は諦める」といったタイムリミットを設けることも重要です。

服装

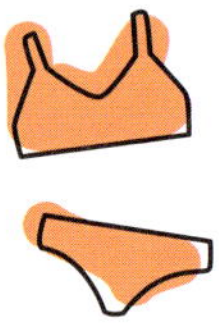

汗冷えを防ぐために、綿ではなく速乾性の高い化繊のウエアを選びましょう。下着も同様です。初心者は登り始め10 ～ 20分の所で、その後は1時間おきくらいに衣服で体温を調整するといいです。鍵は体をドライに保って冷やさないレイヤリング（重ね着）。風や雨をしのぐ防寒着やレインウエアも忘れずに。靴は防水性があって足底の溝が深いものを。しばらく履いてない登山靴は経年劣化が進んでいる場合があるので、使用前によくチェックしよう。

装備品

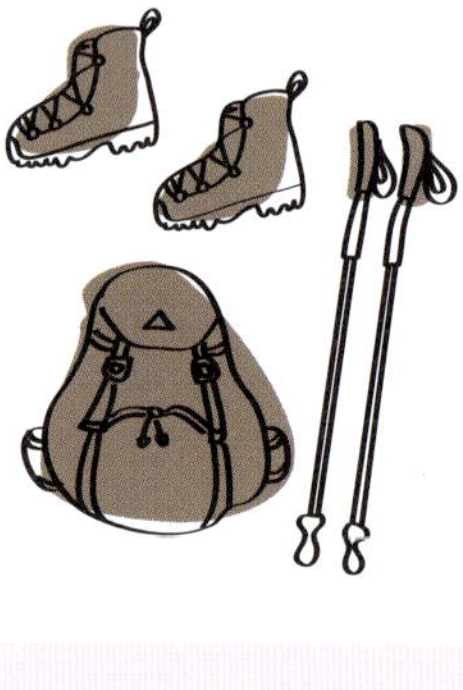

たとえ低山でも緊急時に備えて、ヘッドライトや遭難時に体温を維持できるエマージェンシーシートをザックに入れておきましょう。スマホのモバイルバッテリーも必携です。ストック（トレッキングポール）は、上りで足腰の筋力負担を軽くし、下りで膝の故障を防ぎます。両手持ちの2本使いが基本です。

水・食料

登山中は小まめなカロリー補給が鉄則です。チョコレートやあめ、ナッツ類、栄養調整食品などの行動食を休憩のたびに食べましょう。脱水も心配です。行動中の脱水量（ml）は「体重（キロ）×行動時間（時）×5」で割り出せます。体重50キロの人が4時間行動した場合は1000ml、7時間なら1750mlの水分が失われることになります。脱水量の5割増し程度の水を持参しましょう。発汗で塩分やミネラルが失われるため、一定量をスポーツドリンクにするとよいです。

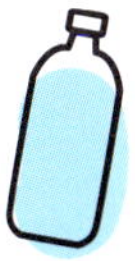

地図

便利なGPS機能付き登山アプリを、スマホに入れて使う人が増えています。「YAMAP」「ヤマレコ」などは、全国の登山地図を確認できる上、電波の届かない場所でも現在地が分かり、道迷いを防ぐ最強ツールです。ただし、事前に使い方を必ずマスターしておくこと。アプリ使用時はオフラインモードにしておくと、バッテリーの節約になります。けれども、アプリだけに頼ると、スマホを落としたり転倒時に壊れて使えなくなると絶望的な状態に陥ります。ルートを記した紙の地図（ネットでダウンロードできる）とコンパスの携行を忘れずに。

緊急時の備え

道に迷ったと思ったら、まずは一旦落ち着くこと。尾根は下りるに従って枝分かれするし、沢沿いを下るうちに滝口や崖が現れ進めなくなることもあります。「来た道を戻る」「見晴らしの良い上を目指す」が鉄則と覚えておきましょう。山の中で天気が予想と違ってくるのは珍しいことではありません。風や雨が強まったり気温が急に下がってきたりしたら、下山を急ぐなどプラン変更を柔軟に。山で雷が鳴りだした時、ピークや稜線にいると危険です。岩陰や樹林帯でしゃがみましょう。高い木は落雷リスクがあるので、少なくとも幹から2メートルは離れるように。

大崩山はより念入りに

大崩山は岩を登ったり、川を渡ったりと難易度の高いコースが多く、一層念入りな備えが必要だ。

①早く出発して時間に余裕を持つ②グループ行動で自助共助を心がける③予定ルートやスケジュールを家族などに伝える—のはもちろん、万が一に備え、ビバーク（露営）も想定しておこう。ひどい捻挫で歩けないなどの場合、日があるうちに風や夜露をしのげる岩屋を探してビバークするのが賢明。ヘッドライトやモバイルバッテリー、ツェルト、レスキューシート、非常食などを準備しておこう。

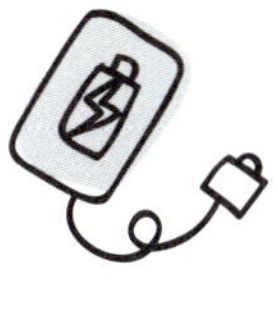

何よりもまず、登山計画書は詳しく書き込み、提出を忘れないこと。不慮の事故のときスムーズな救助につながる。初心者は不安を感じる人も多いだろう。まずはガイドと一緒に登るのをおすすめしたい。

別冊 noboro 山歩きガイド

祖母《そぼ》・傾《かたむき》・大崩《おおくえ》

個性派3座の名ルート案内

西日本新聞社編
公益社団法人日本山岳会東九州支部監修

2025年３月12日 第１刷発行

編集協力…祖母・傾・大崩ユネスコエコパーク推進協議会、
佐伯コミュニケーションズ、西脇亜也（宮崎大学）

イラスト…ちえちひろ
テキスト…南家弘毅、二又健太郎、竹山言葉、諫山力（knot）、
安東桂三（日本山岳会東九州支部）、佐藤裕之（同）、
佐藤彰（同）、笠井美世（同）
写真提供…吉田美湖、佐藤哲雄、松村豊寛（日本山岳会東九
州支部）
本文デザイン…冨菊代
カバーデザイン…穴井優（anaikim）
カバー写真…大久保紫織、岩永正朗
ディレクション…麻生禎司、首藤厚之

発行者…田川大介
発行所…西日本新聞社
〒810-8721　福岡市中央区天神１－４－１
TEL 092-711-5523（出版担当窓口）
印刷・製本…シナノパブリッシングプレス
制作・校閲…西日本新聞プロダクツ

ISBN 978-4-8167-1018-6 C0075